U0033429

日本買房關鍵字

キーワード

日本宅建士教你赴日置產一定要懂的50件事

TiN 著

二、實務篇 交易過程全攻略

三、算計篇 財務知識不可少

四、法令篇 法條規則很重要

五、投資篇 日本置業當房東

推薦序

對於日本房產的了解，他說第二，我笑沒人敢說自己是第一

認識 TiN 已經好多年了。老實說到底認識多久已經不可考，只依稀記得這個人是個怪咖！

台灣的房地產界，專家名嘴多如過江之鯽，但能被稱之為怪咖的，卻是寥寥可數。江山代有才人出，一代新人換舊人。應該是從 2014 年開始，我注意到了這位房地產界的怪咖。第一個疑問是，怎麼會有人如此自視甚高呢？我自己在大學畢業後，陸陸續續在各地置產，各縣市走透透之外，也與各地各家房仲交手不少次，唯獨這個 TiN 讓我印象最深。後來實際接觸之後，發現這個人是真的有料，不但早已在台灣是非常知名的日文名師，在房地產上的思維更是無人能比。舉凡投資報酬率謬誤、建商品牌迷思、實價登錄漏洞、仲介作法異同、買賣雙方心態、外來在地分析、經手案例多寡、房市政策影響、成本決定成果、繁複稅務來往、法律彼此攻防、實地走訪勘查 ..... 等等，這個怪咖幾乎完勝了我所認識的一票專家名嘴。

如果只有怪，那只能吸引我一次，因此每次除了聊天之外，我更是會有意無意地去試探這個人的底到底有多深。每次的結果都在情理之中，收穫卻是意料之外！我不死心，在 2018 年 9 月時舉辦了海外房產高峰論壇，將海外各國實際居住在地的房產高手一一請回台灣，當時吸引了數百位民眾參與盛事，與會者更不乏市面上各家房產品牌的佼佼者。我想藉由這次的機會來好好檢視各國房產專家，尤其是 TiN 這個人！我一個人覺得

他專業可能有失偏頗，幾百個人而且又是各家房產的佼佼者來檢驗，總不會出錯吧！

為期三天的海外房產高峰論壇，座無虛席，尤其針對日本的各種光怪陸離大大小小問題，TiN 每個問題都能詳實答出。自此之後更加深了我對 TiN 的信心，至少在我這種自我要求甚高的人心裡：對於日本房產的了解，他說第二，我笑沒人敢說自己是第一！

如果你覺得我在說笑話，去看看他之前出的書：2014 年《快狠準！東京買房最強攻略》、2016 年《魯蛇翻身！東京買房最強攻略》、2018 年《地表最強！ TiN's 東京房市教戰手冊》。看看他寫的內容，再看看其他人寫的，高下立判！如果有機會再去認識他這個人，你就會知道我所言不假，只是他這個人很機車，能入他眼的沒幾個。很多人說越有本事的人，越應該謙虛。TiN 的本事還沒有大到需要謙虛，謙虛就留給那些需要本事的人！比起臭屁，我更覺得他是真性情，這樣的人社會僅見！

很榮幸能為這樣的人寫推薦序，這大概是我人生最榮幸的時刻，真心推薦給各位讀者，保證收穫滿滿！

海內外房產專欄作家

推薦序

投資千萬上億的金額之前，先閱讀這兩本投資聖經

自古以來「文人相輕」，在任何行業都存在一樣的現象。要一個自視甚高對自己專業領域極其潔癖的我，來推薦一本投資日本不動產教科書，當然是抱著極其肯定及愛屋及烏的心情！

在我與 TiN 兩人互相築起的高牆裡，原本是不會有任何交集的。還是因為有次 TiN 的一名年輕員工接到一筆大單，而這筆大單的屋主正是我，才有了這樣的機緣認識了 TiN。後來我發現原來在我書架上一直有本用來給員工參考的教材，作者居然就是 TiN；更妙的是做了臉友後才發現我們集團內有好多員工，居然也都是 TiN 的學生！當然最後我也成了 TiN 的學生。

若不認識 TiN 本人，光從臉書認識他的話，應該都會被他尖銳、偏頗、甚至有些粗暴的言詞嚇到，但是真實生活裡的 TiN 卻有著不同外在呈現的一面。TiN 非常尊重前輩，不管我什麼時候回到東京，他一定會抽出時間和我喝杯咖啡交換最新的投資現況及資訊，出新書也一定親自送書到公司。此外，TiN 不隨波逐流、不應酬奉承，即便擁有勝於市場的專業能力，也不願擴大浮泛的生活圈，只做自己喜歡的事，這可能是我最喜歡 TiN 的一點。

2013 年日本拿下奧運主辦權後，整個日本不動產已經上漲翻倍，但是隨著這波漲勢，雞鳴狗跳之輩不乏有之，有時候我看到一些不實誇大的言論也只能搖頭！以台灣投資日本不動產

來看，我算是前浪吧，成立日本法人專營台灣投資家錢進東瀛比任何大手公司都要早，對於前仆後繼的來者而言，年資也稱得上前輩！一則以忙、一則性不喜交際，其實跟圈子交流的機會很少。但是因為圈子也不大，時而也不乏看到風浪中翻船者，包括業者與投資者！尤其每每看到業者為了自己的利益，傳播一些不正確及誇大的言論，只能暗自期許顧客的眼睛應該都是雪亮的，但事實卻不然。進入一個陌生的海外投資市場，在缺乏專業及良知的引領下，哀鴻遍野的投資孤兒比比皆是！

2022 年日幣已經來到 24 年新低，而投資物件的面向當然不是只有匯率考量，未來的漲跌、收益的穩定以及挑選牢靠平實的後續管理，樣樣都是投資人務必考量的重點！我想不是每個投資人，都能先來日本住上一陣子徹底接了地氣再出手，但是如果不夠了解當地的民情文化、稅務機制，又加上不良業者的引導，就很可能會錯判！

我非常推薦要來日本投資的朋友，在投資千萬上億的金額之前，先花幾百塊及一點時間，閱讀 TiN 的這兩本日本投資聖經，我相信即便如我這樣的老手都能受益非淺，對所有的新人航海王，一定能入寶庫無空手而回！

東京房東網集團　會長

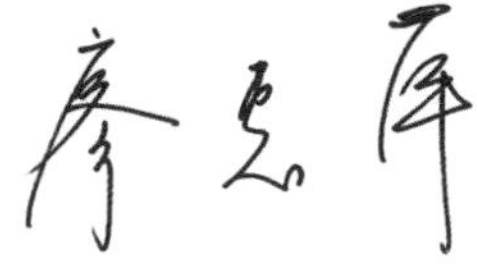

東京不動產官網

東京房東網 FB

推薦序

用自己的口袋來證實自己學說的引路人，你能不好好跟著走嗎？

2014 年 12 月台灣各大書店通路商架上，出現了一本關於不動產投資買賣的書籍：文章內容不是我們熟悉的 368 鄉鎮市區，而是距離我們 2,099 公里外的東京都。當然以台灣人民對日本的喜愛程度而言，要在東京街上找到藥妝店採買或是找到日本人讚賞的那一碗拉麵一點都不成問題，但是討論不動產的相關資訊卻是頭一遭。而且撰寫者的角度更是從一個自身進場投資、見證市場交易的投資家心路歷程。

新書上架時，海外不動產的投資風氣正盛行。但是大多數人的目光是放在經濟正在興起的東南亞地區，每到週末各大飯店、會議廳都排滿了各國的投資說明會，論壇中業者大肆抨擊：日本老人化少子化，房產不會漲價、日本人不買房…等等偏頗的言論。而 TiN 桑就是在這樣的一個氛圍中逆流北上，隻身跑到了東京投資置產並考取了日本的「宅地建物取引士」證照（相當於台灣的不動產經紀人）。後來事實證明他獨到的眼光與果決的判斷讓他賺到了房產增值以及穩健的收益。畢竟日本買房不像台灣：台積電在哪設廠哪邊就會漲。

有關注 TiN 桑的臉書朋友都知道，他對不動產的觀察絕對不是靠著電腦上政府頒布的資訊或搜尋幾個報表而得出結論。他靠著雙腿走訪城市的街道，實地看屋加上敏銳的眼光與條理思緒，用自己的口袋來證實自己的學說！這樣的引路人你能不好好跟著走嗎？當我 2014 年踏入日本不動產的市場時，也購入

TiN 桑的大作拜讀，書中內容著實讓我受益良多。從地點的選擇、物件的挑選、合約的細節…方方面面無一遺漏，稱他為我的入行導師也不為過。

現今的日本不動產市場經歷過雷曼兄弟、安倍經濟學、武漢肺炎疫情、東京奧運、日圓狂貶等相關事件。由其是受到疫情影響打亂了全球人民的生活作息，邊境的封鎖對海外投資人在無法親臨現場看屋的狀況下更不知道到如何下手。2022 年 9 月底明燈即將出現《日本買房關鍵字》與《日本買房大哉問》二本著作可謂是紊亂市場中的投資護身符：《日本買房關鍵字》從產品、交易過程、稅務、法規及投資角度，引導投資家們看重點學技巧！《日本買房大哉問》回答你購屋時腦袋裡常出現的問號：日圓貶所有房產都能買嗎？日本房產受到武漢肺炎的影響？以及該用什麼角度去挑房？以問答方式端正投資心態！

從 2014 年《快狠準！東京買房最強攻略》2016 年《魯蛇翻身！東京買房最強攻略》2018 年《地表最強！TiN’s 東京房市教戰手冊》TiN 桑以貫來不浮誇不唱衰中肯言論方式巨細靡遺地羅列百大重點，讓投資者事半功倍！日本不動產市場幾千萬幾億的交易，用幾百元台幣購入投資護身符是相當划算的一項投資啊！

CLEARTH LIFE

東京都心不動產
股份有限公司

東京都心不動產　董事

推薦序

本書在手，就有如一整個智囊團伴您左右

2014 年，我在日本東京籌備成立公司之際，因緣際會下認識了 TiN 老師。當時我正積極透過各種管道尋求合作機會，同時也充實自身在不動產領域的相關知識。在網路找尋資料時，無意間看到了 TiN 老師在他的 FB 粉絲專頁中所發表的日本不動產相關文章，文筆生動令人眼睛為之一亮！內容除了對於日本當地不動產市場有著獨到的見解以外，也從實務的角度提供給臉友們各種風險分析以及市場機會的情報。這些都是基於他在日本的在地觀察與經驗分享，實有別於網路上其他天花亂墜的銷售文以及可能誤導讀者的資訊！

雖然我們職業上算是同行，但 TiN 老師對於市場精闢獨到的專業見解從不藏私且樂於分享，每次和他見面都能獲得新知識以及獨特的市場觀點。後來也因為對於經營日本不動產的理念相近而成為好友，說來真的是不可思議的緣分。最令我佩服的是他的生活哲學—熱愛工作追求財富自由之餘，也能兼顧生活品質，～ Work Hard, Play Hard ～正是他的寫照！

從東京申奧成功帶動投資日本房市熱潮，此後經歷了奧運延期以及疫情之下的不動產市場低迷。在後疫情新時代，日本房市亦經歷了許多轉折，日幣也創下兌台幣匯率 25 年來的歷史新低，未來甚至還可能持續下探。想藉此時機了解日本不動產的最新市況以及投資購屋相關資訊的讀者朋友們，TiN 老師出版的這兩本新書，內容一定不會讓你失望。這兩本書除了介紹最

新的日本房地產市場趨勢外，也詳細說明了在日本選擇物件時，需要留意的事項以及相關的法令限制。除此之外，亦傳授給讀者朋友們關於投資買房時的收益分析以及實際交易時所必備的知識，例如稅率計算 ... 等。本書在手，就有如一整個智囊團伴您左右。

TiN 老師的新書內容充分融合了當地經濟趨勢以及不動產市場走向，這可是長年旅居日本的不動產專家，透過敏銳纖細的洞察力，才能奏出如此細膩且正確的樂章啊！想要迅速掌握最夯的日本不動產市場，這兩本書絕對是您的最佳選擇！

《日本買房關鍵字》與《日本買房大哉問》雖為投資日本不動產的工具書，但可不單單只是一本工具書。讀者們還可隨著 TiN 老師輕鬆口語式的解說，吸收日本文化小常識，了解一些在旅遊中體驗不到、以及您所不知道的真實東京。但說了這麼多，還是要各位自己親自閱讀與體驗這兩本作品想要帶給您的訊息，並期待各位讀者帶著 TiN 老師的支援，一起加入日本不動產投資行列！

株式会社ランドヒルズ　代表取締役

官相志

株式会社ランドヒルズ

作者序

2013 年，安倍經濟學射出了三支箭，讓日圓兌台幣匯率一下就從 0.38 的高價一路下滑至 0.32 的價位。再加上同年申奧成功，引爆了台灣人對日本房地產的幾波爆買潮。當時，在台灣專營日本不動產買賣的業者，也如雨後春筍般地冒出，甚至也不乏老牌的房仲大企業加入戰局。

隔年，我有幸受邀在行遍天下出版社出版了《快狠準！東京買房最強攻略》以及《魯蛇翻身！東京買房最強攻略》兩書。出版當時，多虧了各位讀者們的大力相挺，使它們接連創下銷售佳績，順利攻佔不動產叢書類別的榜首。

透過書籍的出版，也讓我認識了許多業界的朋友。有許多業界朋友都說，這兩本書簡直是他們新進員工的「最佳教科書」。甚至還有機構投資家的老闆，請員工每天讀一定的章節，再來針對書裡的內容大家一起討論。

除了同業朋友以外，也有許多讀者朋友到我個人經營的臉書粉絲頁留言，說這兩本書的幫助他們少走了許多冤枉路，也閃避掉了許多原本可能會遭遇的風險。這些回饋，讓自己感到非常高興。我想，對於一位作者而言，最高興的，莫過於自己的著作能夠幫助到許多人吧。

為了能幫助更多投資人，我分別於 2014 年、2016 年、以及 2018 年，針對當時的最新市況，以兩年一本的速度出版了三本書。原本預計 2020 年出版第四本，但卻遇到武漢肺炎疫情，使得房市前景不明而作罷。2022 年，隨著各國邊境逐漸解封，日圓大跌再度引爆外資對日不動產投資爆買潮，因此決定一次出版兩本，以完善近年來的市況巨大變遷。

這一本《日本買房關鍵字》算是第四本，內容詳細分析在日本購買房屋時，有怎樣的產品可以選擇；交易過程時，會遇到怎樣的問題；房屋與土地有怎樣的法令限制；買房時，如何選擇建商以及房仲業者 ... 等。同時，本書也詳細介紹投資時，不可不懂的一些基本財務知識。

兩本書總共 100 篇。雖說部分內容與舊作重複，但隨著市況的轉變，所有的篇章皆重新撰寫或大幅度改寫。而這些重複的主題，也意味著在日本買房，這些知識非常重要。

本書不浮誇、不勸敗、不唱衰、不高談闊論教你如何炒房賺大錢，但告訴你，日本買房不能不懂的知識與不可不知的風險。在你花上千萬日圓赴日買房前，不妨先花個幾百塊台幣購買這兩本書，就當作是日本買房前的「重要事項說明書」。相信這兩本書，一定能幫助你更加了解日本不動產市場的整體輪廓，讓你買屋決策時，能夠掌握全局、趨吉避凶。

最後祝各位讀者買到心中理想屋、投資順利賺大錢！

2022.09.03

內容提要

一、自住篇　～我在日本有個家

二、實務篇 ～交易過程全攻略

2-1 宅建業者
- 你的業務是牽猴仔還是合法的業者
- 如何判斷合法的宅建業者
- 什麼是「宅建士」
- 仲介業者的收費標準

2-2 媒介契約
- 三種媒介契約的異同
- 小心仲介的包圍戰術坑殺屋主
- 包圍網，串連買取再販業者賺很大

2-3 主要建商
- 大建商 Major 7
- 大建商以外就比較遜色嗎
- 大建商售後服務到位
- 品牌也有分等級
- 大建商的產品規劃一定就比較好嗎
- 除了建商，營造商也很重要

2-4 管理公司
- 何謂代租代管
- 代租代管的責任與收費
- 如何找個好房客
- 何謂收租保證
- 收租保證的龐氏騙局
- 用新客戶的錢來養舊客戶
- 銀行濫放貸所導致的房市風暴

2-5 購屋流程
- 出價斡旋
- 什麼是「重要事項說明」
- 簽約與貸款融資
- 登記文件與清算尾款
- 交屋後的相關費用及稅金

2-6 房屋貸款
- 「元金均等」與「元利均等」還款金額差很大
- 大額還款會產生違約金
- 從每月還款金額回推購屋總價
- 日本上班族能貸到多少錢
- 從可貸款金額，就可看出一個地區房價的頂

2-7 室內面積
- 內法面積與壁芯面積的差異
- 節稅，看內法面積
- 議決權，看壁芯面積

2-8 房型設備
- 1K、1R、1LDK 是什麼意思
- 衛浴設備有哪些先進的科技
- 浴室尺寸 1418 代表什麼意思
- 一「疊」有多大
- 高樓層的豪華房型
- 看懂格局圖的英文縮寫
- 其他台灣不常見的先進設備

2-9 格局規劃
- 何謂切羊羹規劃
- 最廉價的田字型格局
- Center In 格局與電梯數量
- 近年受歡迎的 Wide Span 格局

2-10 賣屋要點
- 買的是徒弟，賣的是師傅
- 自住屋換屋要點
- 「先買在賣」與「先賣再買」
- 投資屋獲利了結的出口戰略
- 買的時候快、狠、但不準
- 高價買進，賠錢出場

三、算計篇 ～財務知識不可少

四、法令篇　～法條規則很重要

五、投資篇 ～日本置業當房東

5-1 1R 蚊型套房
- 入門檻最低的產品
- 空屋風險
- 高額的管理修繕費用
- 房客拖欠房租的風險
- 設備老舊的風險
- 玩弄投報率，坑殺買方的最佳工具

5-2 1K 出租套房
- 這種房子都誰在買
- 流通、稅制以及貸款，決定是否賣得掉
- 如何使用 1K 套房節稅
- 建商怎麼讓你買單
- 真的有那麼容易租掉嗎
- 出售時會浮現出的問題點

5-3 公寓大廈投資
- 何謂「分讓賃貸」
- 投報率偏低，但增值速度快
- 大建商跟你搶租客
- 賺差價，可以這麼做
- 拿來出租，小心被銀行逼著還清房貸

5-4 商辦與店面
- 事業用物件的種類
- 何謂「雜居大樓」
- 事業用物件的優缺點
- 保證金多，修繕成本低
- 屋齡影響小
- 還得繳納消費稅
- 源泉徵收，讓你的商辦租不掉
- 適格請求書制度，逼得你降價出租

5-5 一棟木造公寓
- 門檻不高，散戶很多
- 規模太小，容易導致空室率變高
- 何謂「5 棟 10 室」的基準
- 租客水準參差不齊
- 下流老人與孤獨死
- 疫情期間飆高的空屋率
- 這樣的條件，可以考慮買進

5-6 一棟 RC 商業大樓
- 規模大小分類
- 需要藉助 BM、PM、以及 AM 公司幫忙管理
- 巨大商辦完工潮
- 疫情帶來的超高空室率

5-7 一棟 RC 出租住宅
- 與商業大樓所處的地點不同
- 租客水準較高
- 購買前須確認投報率真偽
- 隱藏成本、法令限制不可不知

5-8 共居住宅
- 真人秀所帶動的 Share House 風潮
- 疫情來襲，仍有些物件受到歡迎
- 經營辛苦管理困難
- 幾個真實發生的小故事

5-9 民泊
- 全民搶賺觀光財
- 遇到疫情全死光
- 何謂「民泊新法」
- 國家戰略特區中的「特區民泊」
- 旅館業的「簡易宿所」

5-10 中間省略
- 業者賺得到，你卻賺不到的小故事
- 轉賣業者的手法
- 中間省略，無本生意
- 銷售，需要包裝
- 金融情勢造英雄

一、自住篇

我在日本有個家

01

有土地的透天厝比較好？塔式住宅比較炫？

本篇告訴你，日本有錢人喜歡哪種產品，你又適合哪種產品！

1-1

各種房產

～「自住」還是「投資」？這是一個值得思考的問題！

日本房產的種類繁多，每種產品都有其優缺點。除了機構投資者才有能力購買的大型商辦、物流中心、工廠等項目外，個人投資家所購買的產品主要可分成「自住型」的產品以及「投資型」的產品。

自住型	公寓大廈（マンション）	低層華廈（低層マンション） 一般華廈（中層マンション） 電梯大樓（高層マンション） 塔式住宅（タワーマンション）
	獨棟透天（戸建）	先建後售（建売） 附帶建築條件土地（建築条件付き土地） 買地自建（注文住宅） 豪宅（豪邸）
投資型	區分所有（区分所有）	1R 蚊型套房（ワンルームマンション） 1K 出租套房（1K 賃貸マンション） 單間辦公室（区分事務所） 店面（区分店舗）
	整棟產權（一棟もの）	一棟木造公寓（一棟アパート） 一棟 RC 商用大樓（一棟ビル） 一棟 RC 出租住宅（一棟マンション）

本篇主要先介紹各種產品的概要，接下來的篇章，則是會針對各別產品來詳細說明。買房前的第一步，必須要先了解自己置業的目的，然後再選擇相關的產品。

自住型產品

「自住型」的產品又分成「公寓大廈」以及「獨棟透天」兩種，這點跟台灣一樣。「公寓大廈」住宅的建造方式，主要有：鋼筋混凝土構造（RC）、鋼骨鋼筋混凝土構造（SRC）、鋼骨結構（SC）三種。而日本的「透天」住宅則多為木造或輕量鋼骨結構，少數較為豪華的透天亦會使用鋼筋混凝土（RC）來建築。

「公寓大廈」屬於區分所有權式的集合住宅，依本身的樓高又可細分為「低層華廈」、「一般華廈」、「電梯大樓」、「塔式住宅」。

「低層華廈」指樓高為 3 ～ 4 樓的共同住宅，高度低於 10 公尺；「一般華廈」則多指 31 公尺（10 樓）以下的共同住宅；「電梯大樓」則是指 31 公尺（10 樓）以上的共同住宅；「塔式住宅」則專指 60 公尺（20 樓）以上的共同住宅。

「那，上述的各種類型的公寓大廈有沒有電梯呢？」

除了早期興建的 4 ～ 5 層樓的團地型物件（類似我們台灣的老舊公寓）可能會沒有電梯以外，近二、三十年以內所興建的公寓大廈，即便是樓高只有 2 ～ 3 層樓的低層華廈，也都會附設電梯。

此外，日本的公寓大廈，購買時的計價部分為室內的專有面積部分，因此並沒有所謂的「公設比」的問題。且絕大部分的公寓大廈，車位亦屬於公設部分，需要使用車位的住戶必須向管委會（管理組合）承租，車位的產權無法隨著房屋一起分售。

有別於上述區分所有權的公寓大廈，「獨棟透天」產品則是各自產權獨立，擁有完整土地與地上建物的住宅，因此沒有與他人共用設施等公設的問題。大部分的透天，於一樓都會設有自家停車位，車位的產權就是你土地的一部分，屬於屋主的私人財產，這也是許多人不選擇公寓大廈，而對獨棟透天情有獨鍾的原因之一。

日本的獨棟透天，有些是屋主自己「買地自建」，有些則是建商整合土地後，統一規劃「先建後售（建売）」。因此若是屬於後者這種社區型的透天，有可能需要負擔社區內一部分的私道。也就是說，你的土地會有一部分被拿來作為社區的道路，因此你實際上能使用到的土地並非權狀上完整的那一塊。

投資型產品

至於投資型的產品，種類五花八門。一般個人投資者常購買的產品主要有「1R 蚊型套房」、「1K 出租套房」、「單間辦公室（区分事務所）」、「店面」、「一棟木造公寓」、「一棟 RC 商用大樓」、「一棟 RC 出租大樓」... 等。

「1R 蚊型套房」指的是室內面積 10 ㎡～ 18 ㎡（約 3 ～ 5 坪）左右的小套房，內附簡易的浴廁廚房設備。因為法條因素，現今已無法蓋出這樣面積的房型，因此這類型的套房，屋齡多為 20 ～ 40 年的中古老屋。依地區不同，這種產品的價位大約落在 300 萬日圓～ 1,000 萬日圓左右，算是入門型的投資產品。（※ 註：「㎡」為平米／平方公尺之意，本書一律使用「㎡」符號代替。一平米為 0.3025 坪；一坪為 3.3058 平米。）

「1K 出租套房」則是指室內面積 20 ㎡～ 30 ㎡（約 6 ～ 9 坪）左右的小套房，內附較高檔的衛浴設備，且多有浴缸。

浴室與廁所也多採乾濕分離，或直接做成不同的兩個空間。廚房、浴室等空間會與房間分開，有獨立的門隔開，因此房間內較不會受到衛浴水氣或者烹飪時的氣味干擾。這種產品的價位大約落在 2,000 萬日圓～ 4,000 萬日圓不等。

「單間辦公室（区分事務所）」為大樓當中的其中一間房，用途為辦公室使用。面積小至 10 ㎡（約 3 坪），大則超過 100 ㎡（約 30 坪）。有些大樓一整棟都是事務所用途、有些則是住辦混合型的。有些則是大樓內除了辦公室跟住家以外，還混雜著飲食店、風俗業、或其他一些奇奇怪怪業種的。這樣的大樓，就稱作「雜居型大樓（雑居ビル）」。

至於「店面」，則是分為區分所有權的「區分店鋪」以及「必須購買一整棟樓，一樓是店面」的兩種形式。前者「區分店鋪」多為稍有一定規模的大樓，這些大樓多半是透過再開發（都更）或者改建而建成的，因此原地主會分回店面的部分。這些店面就跟一般的公寓大廈一樣，產權可獨立交易。但日本也有許多是必須將整棟大樓購買下來的，一整棟的物件，多半都是一樓為店面，二、三樓以上做成出租套房或者是房主自己的住家。

「一棟木造公寓」的基地規模大約為 80 ㎡～ 300 ㎡（約

24～90坪）不等，多為兩層樓建築。位處都會區的木造公寓，由於基地較小，因此房間多規劃成10幾平方公尺的小套房，戶數也落在4戶～12戶左右。若是位處市郊的木造公寓，則亦有不少是規劃成兩、三房家庭房型的單位。價位從數千萬日圓至數億日圓不等，算是中等投資門檻的商品。

「一棟RC商用大樓」多座落於商業區，基地規模大約為60㎡～500㎡（約18～150坪）不等。由於商業區的容積率與建蔽率較高（意指土地跟高度可以蓋好蓋滿），因此即便基地面積較小，每層的面積還是可以達到一定的利用空間。價位從數千萬日圓至數十億日圓不等，對於個人投資者而言，算是門檻很高的產品。

「一棟RC出租住宅」內的房型多為「1R蚊型套房」或「1K小套房」，也有些房型會規劃為「1LDK一房一廳一衛」或2～3房的家庭房型產品。有別於「1R蚊型套房」、「1K小套房」屬於單間購買，這裡的「一棟RC出租住宅」是指買下一整棟這種出租型的大樓。價位從數億日圓至數十億日圓不等，對於個人投資者而言，算是門檻極高的產品。投資者多為金字塔頂端的富裕階層，更多的是基金投資機構的投資標的。

挑選哪一種產品與你的目的息息相關。不同的產品有不同的經營方式、不同的獲利模式，同時，稅率以及融資的利率也不盡相同。下面篇章，就來先針對自住型的產品，仔細討論其優缺點。至於投資型的產品，我們就等到掌握了一些基本知識後，於最後的篇章再來討論囉。

1-2

公寓大廈

～大樓型產品，地點都比透天好？

日本人買自住房時，最常見的論爭，就是要買「公寓大廈（マンション）」，還是要買「獨棟透天（戸建て）」。

一般而言，公寓大廈多集中在都心（鬧區、市中心），獨棟透天則是集中在近郊或郊區，這是因為都市計畫法上用地區分的緣故。都心的土地需要被高度利用，因此容積率較高（意指可以蓋較高樓層的產品）。而近郊不如市中心熱鬧，土地不需要高度利用，因此土地的容積率較低（意指不能蓋太高）。因此，當建商拿到容積率高的土地時，就會規劃為公寓大廈，拿到容積率低的土地時，就多半會規劃為獨棟透天來推案。

若將視角再縮小，只聚焦於單一車站周邊，也可以發現相同的軌跡。車站周邊由於商業活動發達，土地容積率高，因此可以蓋出大樓型的產品。而距離車站較遠的地方，則只能蓋出較低層的低層華廈或者是透天產品。因此在市場上，會有離車站兩、三分鐘的公寓大樓，甚至是與車站共構（直結）的塔式住宅，但大部分的獨棟透天，都離車站有一定的距離。

當然，這些只是一般趨勢。也有公寓大廈是蓋在市郊以及離車站遠的地方，當然也有獨棟透天就蓋在正都心精華區或者車站旁邊的。

本篇，就先來看看公寓大廈型的產品，有何優缺點。下一篇再來討論獨棟透天的優劣。

公寓大廈的優缺點

公寓大廈大多都有方便的公共設施、大廳，且在安全層面以及隱私層面也較高。出入時需要經過大樓玄關才可進入各自的單位，相當於多了一道的安全防護，而且也比較不容易被外人特定出自己住在哪一間房間。若你居住於較高樓層的部分，則可能有不錯的眺望、採光也較充足，且 24 小時都可以在自家大樓內丟垃圾，對於忙碌的上班族而言，非常方便。

但缺點就是，每個月固定會有一大筆管理費用以及修繕費用的支出。而且，隨著屋齡越舊，修繕費用會越來越高。比起台灣公寓大廈的管理費，日本公寓大廈的管理費加修繕費高出許多。便宜的約為租金的 1/10，較老舊的房屋甚至可以高達房租的 1/5。但我認為這筆費用，反而可以把它當作是你購買透天住宅時，每個月先預存的一筆修繕基金。而且公寓大廈的好處，就是居住期間的維修跟管理，全部都丟給管委會（管理組合）去處理就好，屋主相對不會有太大的煩惱。更何況，鋼筋混凝土建造的公寓大廈，本來就比木造建築還要耐用，因此如果你年輕時購買的是新屋，或許你這輩子都遇不到房屋老舊，需要改建的問題。

除了上述物理上的優缺點外，住戶之間的鄰里關係也是購買公寓大廈時，需要考量的點。如果建築物本身的牆壁或樓地板較薄，可能會受到隔壁鄰居生活上發出的聲響干擾，或是樓上鄰居走路的腳步聲太大等問題。另外，如果整棟大樓有小套房又有家庭房產品，那麼整棟大樓就很有可能因為住戶的水準參差不齊，導致居住環境堪慮。

選新屋還是中古

公寓大廈若為鋼筋混凝土（RC）結構，在會計上的使用年限是 47 年。但這只是用來計算稅金攤提折舊用的年限而已，與實際物理上的耐用程度沒有太大的關聯。若大樓保養得宜，甚至使用七、八十年都不成問題。因此購買中古大樓型產品時，務必要留意物件本身是否有長期的修繕計畫。

新屋跟中古屋最大的不同，應該就是價位了。一般來說，二十年的中古屋，價位只會是周邊相同地段新成屋的六～七折價，因此對於預算不足的購屋者來說，中古屋是個不錯的選擇。但由於地點好的新成屋，近年價位高漲，供給數量又減少，因此也連帶拉抬了其周邊中古屋的房價。這些地區的新屋價格與中古屋價格之間的價差正在逐漸縮小，購屋時究竟值不值得捨新求舊，購屋者需要平心靜氣地仔細思量。

新屋與舊屋，還有兩點很重要的差異，就是「耐震基準」與「格局」。日本位處地震帶上，地震頻繁，因此對於大樓結構的耐震有很明確的基準跟規範。1981 年 6 月之前獲得建築許可的中古屋，屬於「舊耐震基準」。以此時刻為分界線，之後建造的房屋為「新耐震基準」。關於耐震基準，會於本書的 4-7 節詳細探討。

至於「格局」，由於日本人近年來的居住習慣逐漸洋化，例如：和室變少了、洋室變多了、冬天也不再使用「炬燵（こたつ）」（附有棉被的電暖桌），取而代之改為空調以及地熱式的設備 ... 等，因此中古屋的格局，可能會與現代新屋的格局有些不同。有些中古屋格局裡沒有客廳，只有和室，若這部分要事後動工裝潢，除了要管委會的許可外，又是一筆高額的花費。

此外，日本冬天很冷，較舊的中古住宅，窗戶多半都不是氣密式的，因此冬天會冷到很不舒服。

「那我不能自己加裝氣密窗嗎？」

由於窗戶跟大門這些東西，雖然在你的屋內，但其實它們都屬於公設，是無法自行更換的。絕大部分社區的管理規約有明文規定，為了保持建築物整體統一的外觀，住戶不可擅自更換門窗，即便是自費。但有些社區允許於對外窗的內部加裝第二層窗戶。

還有，有許多中古大樓，是禁止飼養寵物的。就算可以飼養，也有數量以及大小的限制（例如只能養兩隻體長 30 公分以下的小狗小貓）。因此如果你家有成群結隊的毛小孩，就要注意一下是否有這類的規約，以免你家的小狗狗小貓咪無法跟你一起共築新巢喔。

1-3

獨棟透天

～透天厝，是「人生中繼站」還是你「永遠的避風港」？

日本的獨棟透天與我們台灣的不太一樣。例如我們說的「透天厝」，多半是指 3 ～ 5 層樓，以鋼筋混凝土（RC）結構建成的一棟建築。但日本的「戶建」，則是以木造或輕鋼骨結構的兩、三層平房為主。近年也蠻流行只有單一層樓的「平屋」，反倒是 RC 結構的透天較少。

本篇，就來討論一下獨棟透天型的產品，有何優缺點。

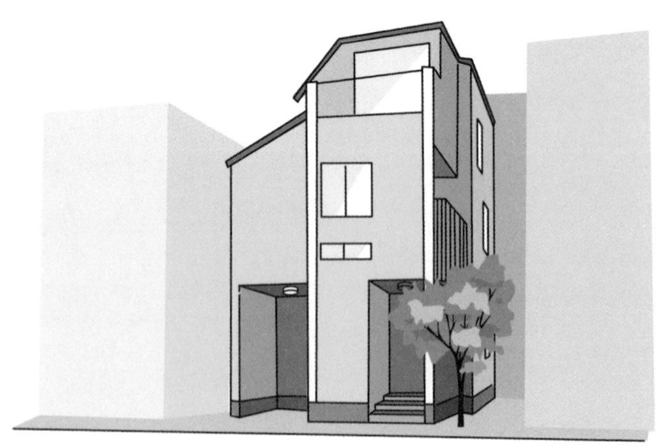

獨棟透天的優缺點

獨棟透天最大的優點，就是你擁有完整的土地。除了使用自由度高、不需受到管委會的約束外，透天多半都含有自己專屬的平面停車位，既不需要繳交管理費用，也不需要租用停車場，更不需要顧及是否會干擾到隔壁鄰居（或被隔壁鄰居干擾）。但都會區的透天厝多半比鄰而建，若你的鄰居喜歡演奏樂器、習慣將電視以及音樂音量轉到很大聲、又或是鄰居小孩較為活潑好動，多多少少還是會受到隔壁鄰居的影響。

雖說獨棟透天擁有完整的土地，但日本的「戶建」，基地面積大概都只有 60 ㎡（約 18 坪）~100 ㎡（約 30 坪）不等而已。這麼小的土地其實效用不高，更何況會拿來蓋這種銷售給末端消費者的透天，其土地本身的容積率就不高。往後即便跟周邊的鄰居一起都更重建，蓋出來的規模也頂多跟目前一樣而已。因為這類的透天，多半都立處於無法蓋高樓層的住宅用途地域，因此將來想要透過都更（再開發）蓋高樓發大財的機率極小。即便你擁有完整的土地，其實也是自我滿足的成分居高。

作者個人的主觀選擇

假設你購買的獨棟透天，基地大小僅有 60 ㎡（約 18 坪），依照建蔽率的限制，蓋出來的房子會是上下樓兩層，可能各 40 ㎡（約 12 坪）左右。但如果是我，我會寧願選擇單層面積直接有 80 ㎡（約 24 坪）的公寓大廈型產品，一來不需要浪費樓梯的空間，二來家裡如果有年長的長輩，對他們而言，爬樓梯會是個很大的負擔。

另外，木造的房屋較容易折舊，十幾年就得做一次外牆及屋頂修繕，動輒一、兩百萬日圓。維護不佳的話，可能三、四十年後，就不得不花大錢把房子拆掉重建。因此，獨棟透天在中古市場的流通，不如公寓大廈容易。此外，根據東日本不動產流通機構的統計，2021 年首都圈中古公寓大廈的成交件數為 3.9 萬件，但中古獨棟透天僅有 1.5 萬件，連公寓大廈的一半都不到。也就是說將來就算你想換屋，賣得掉賣不掉，都還是個問題。

因此，我也常常告訴「投資目的」的朋友說：「木造透天，少碰為妙」。除非你要買的產品是精華區、蛋黃區的木造透天，且土地大小有一定的規模，不然這種產品的資產價值較差，多半買來後都只會變成燙手山芋（除非你另有方法可以拿來創造高收益，例如：改建為簡易宿所，拿來自己經營民泊之類的…）。

當不動產變成了「負」動產

日本人在年輕力壯時，都會有個夢，就是想要在郊區買個全新的木造透天厝，擁有自己的土地、自己的堡壘。但隨著兒女長大，他們離開了家，去了都市或外地求學，畢業後直接在外地工作，結婚以後也就直接定居在大都市裡。這些少年離家的孩子們，再也不會回到這個老家居住。而這時，你也老了。想一想，自己也許再過幾年就會與世長辭，如果把這棟你打拼一輩子，好不容易攢下的透天當作遺產給兒女，可能對他們來說也會是一個負擔。因為這樣的房子，想出租也租不掉，每年還得繳沈重的固定資產稅。

「那乾脆就把它賣掉，換到都心的電梯大樓吧！」

看看自己年邁的身子已經無法爬樓梯了，也常常要去醫學中心報到，住在都心的電梯大樓總是比較方便。但…問題來了，你的郊區中古老舊透天厝，再便宜都賣不掉！

中古獨棟透天賣不掉的原因

「為什麼賣不掉？總有當初跟我一樣的年輕人，想要到郊區買屋養小孩吧！」

對的，有！但是由於你的房子是木造建築，在銀行的眼中，它的耐用年限就只有 23 年，因此你那屋齡已經高達三、四十年的透天厝，在銀行的眼中完全不具任何擔保價值。而且你的土地位於郊區，本身地價就已經夠低了，還會因為上面有個三、四十年的老廢屋，導致土地價格更是不值幾個錢（※ 註：附有老舊中古屋的土地價格，會遠低於空地價格。因為買的人還得負擔房屋的拆除費用，這稱之為「建付減価」）。換句話就是，想買的人貸款貸不下來。

基本上，會買你房子的人，多半都不是錢多多的富二代，只會是中產階級上班族。如果不能貸款，他們要怎麼買你的房子呢？因此他們寧願去買貴一點的新成屋，因為至少可以貸款。

攤開日本厚生勞動省的人口動態統計，目前日本每年的死亡人數，遠遠高於結婚的人數。這個數據可以這樣解讀：「死亡時」＝郊區的透天會被兒子拿出來賣；「結婚時」＝

年輕人會去買郊區的透天。從這個數據看來，過沒幾年後，郊區的中古透天所釋出的供給量，將會遠遠超出需求量。

雖說武漢肺炎疫情，一定程度改變了人們的工作型態以及居住思維。許多上班族也不再需要通勤，這也有可能會對於郊區的房屋帶來一定的買盤，但這也取決於你房屋所在的區域，是否有足夠的生活機能支撐，有沒有足夠的吸引力可以引來人潮。究竟將來它會發展成良好的居住型城市，還是演變成什麼機能都沒有的空城，就得看各自的造化了。

豪宅等級的獨棟透天

獨棟透天，其實也是有分等級的。除了上述那種以一次取得層（首購族）以及一般末端使用者為取向的產品外，也有些頂層人士會在高級地段買地自建。像是「松濤」、「成城學園」或「田園調布」等高級住宅區，就有許多豪宅等級的「獨棟別墅」。這些立處精華的「獨棟別墅」當然價值不斐，而且多半是政商名流或大老闆才有辦法自己買地來自建的產品，因此無法以上述那種一般木造透天相題並論。

這類豪宅等級的獨棟透天，多半他們買了、蓋了，就是全家住一輩子的房子，因此在市面上也極少有這樣的物件流通。如果你喜歡這種產品，除了要荷包夠深外，還得要經常留意這些高級住宅區是否有物件釋出，或者是土地釋出了。

1-4

賣建住宅

～什麼？我買了土地，還不能決定要請哪間建商蓋？

上一篇我們談論到的獨棟透天，你可以自己買地後再找工務店或「ハウスメーカー（House Maker）」來興建，當然也可以直接購買建商已經興建好、已完工的房屋。前者買地自建的房屋，稱為「注文住宅」。後者買建商蓋好的現成房屋，稱為「建売住宅」。一般而言，前者較貴、後者較便宜。

「建売住宅」的模式，就是建商先買了一塊很大的土地，然後再將其劃分成小塊，進行小規模的造鎮。在城鎮裡面規

劃道路、小公園，於每個小塊上分別蓋上透天後，再分售給消費者。因為先「建」了再「賣」，所以得名「建売」。

「建売住宅」的優點就是你不用去煩惱室內格局以及裝潢事宜，就像買公寓大廈一樣，看中意了就買下。當然，缺點就是缺乏彈性！一般人會想要買獨棟透天，多半都是比較有自己的想法，例如想要大浴室、視聽室、或是附有 Walk-In Closet（更衣室）的主臥等等，因此買了這種「建売」住宅，就等於跟買大樓一樣，事後無法進行變更（除非你願意再花大錢重新裝潢）。

除了上述「注文住宅」與「建売住宅」的兩種模式以外，日本還有一種台灣沒有的模式，稱作「賣建（売建）」或「附建築條件的土地（建築条件付き土地）」。

注文住宅	買地自建。先買地，再發包請人來興建。
建売住宅	購買建商蓋好的現成房屋。
建築条件付き土地（売建）	購買土地，且必須與建商簽訂建築合約。

何謂「附建築條件土地（売建）」？

有別於先建後售的「建売」，「附建築條件土地」又稱作「売建」，也就是剛好跟上述的情況相反，先將地「賣」出去了之後，再「建」。因此「建売」在法律上，建築者就是「建商」，但後者「売建」的建築者，就是「你（買方大人）」。

「疑？那這不就是買地自建的意思嗎？」

不！它之所以會叫做「附建築條件」，意思就是建商要賣你這塊地時，會同時要求你簽下「一定要發包給他們興建房屋」的合約。也就是一旦你買了這塊土地之後，你就不得不請他們幫你興建。這種「附建築条件土地」的好處，就是至少室內的格局有一定程度的主導權，設備也可以自己選擇。

雖然有些附建築條件的土地，價位看起來誘人，但畢竟羊毛出在羊身上，或許將來在建造時，會有意想不到的支出。例如設備部分，有可能業者會東省西省，若你想使用好一點的設備，多半需要額外再加價。有時整體弄下來，大建商販售的「建売」住宅反而還比較划算。關於這些事項，一定要在簽約前詳細確認施工明細以及合約內容。

如果只是錢的問題那倒還好，日本其實也有許多黑心小建商，用黑心建材來蓋房子，詳細具體情況日本媒體也都有踢爆。例如房子是斜的，地下防潮、屋頂隔熱沒做，用很差的木板當隔間牆 ... 等。而且小建商也很有可能就是一案建商，出問題，就換個名字再出發。因此查清楚建商的信譽，非常重要。

迷你開發

獨棟透天建造起來不如公寓大廈困難，且工程金額較小，不像公寓大廈這樣，總銷金額動不動就數十億日圓，因此規模不大的小建商（工務店）或ハウスメーカー（House Maker）都有辦法興建這樣的木造透天。

根據都市計畫法，在市街化區域如果開發面積未滿 1000 ㎡或 500 ㎡（約 300 坪或 150 坪），就不需要得到知事（縣市長）的許可，因此對於小建商來而言，建造獨棟透天的進入門檻極低。這也使得日本有許多所謂「迷你開發（ミニ開発）」案件。

所謂「迷你開發」，指的就是原本一間或兩間很大的透天，地主將土地賣給建商後，建商再把它切成四～八塊不滿

100 ㎡（約 30 坪）的小土地，蓋來賣你的這種案件。這種迷你開發的物件從 1990 年代起，都心地區就越來越多，原因在於泡沫經濟導致地價狂漲，許多原地主繳不起高額的稅金，只好忍痛把土地賣給建商。建商為了能夠讓一般家庭也能負擔得起，就把土地切劃成數塊小地，蓋屋分售。有時切得太小塊，蓋出來的房屋還被戲稱為「鉛筆屋（ペンシルハウス／ Pencil House）」、「狹小住宅」。

正因為迷你開發對於建商的進入門檻極低，因此買這種物件最容易遇到的問題就是買到「瑕疵住宅（欠陥住宅）」。尤其是建築業缺工的現在，很容易碰到技術不足的工人，蓋出來的品質有問題。例如地板傾斜、水管無法順利排水、漏水、木材處理不好導致白蟻侵蝕、耐震不足 ... 等問題，下手前必須三思。

1-5

塔式住宅

～尊爵不凡，人生勝利組的象徵？

塔式住宅，日文為「タワーマンション（Tower Mansion）」，是一種樓高超過 20 樓以上的超高層、呈高塔形狀的公寓大廈式住宅。早年由於這類型的建案並不多，較為稀有，因此價位也相對保值。但近幾年來因廣受首購族及節稅族的喜愛，供給數量大增，現在塔式住宅已不再像以往那樣具有特殊性以及稀少性了。

據統計，1990 年時，日本全國僅有 44 棟塔式住宅，2010 年則是成長到了 796 棟。翻開最新 2021 年的統計資料，全國已來到了有 1,427 棟之多。而這當中，光是第一名的東京都就佔了 458 棟、第二名大阪府佔 255 棟、第三名的神奈川縣也擁有 139 棟。

雖說 20 層樓以上的住宅大樓就可歸類為塔式住宅，但近年於都內建造的，多為動輒四～五十層樓、戶數高達四～

五百戶甚至一千多戶的產品，因此全國的 1,427 棟當中，合計就有高達 37 萬 5125 戶之多。

華人來東京置產，也非常喜歡購買塔式住宅，因為這種產品除了公共設施充實、住在裡面有優越感以外，識別度也相當高，將來想脫手時，接手力道強，會有一定的買盤存在。且由於它的土地持份比起一般公寓大樓少（因為蓋很高，土地持份被稀釋掉了），又俱保值性以及轉手性，因此也是很多日本富裕人士用來節稅的好工具。

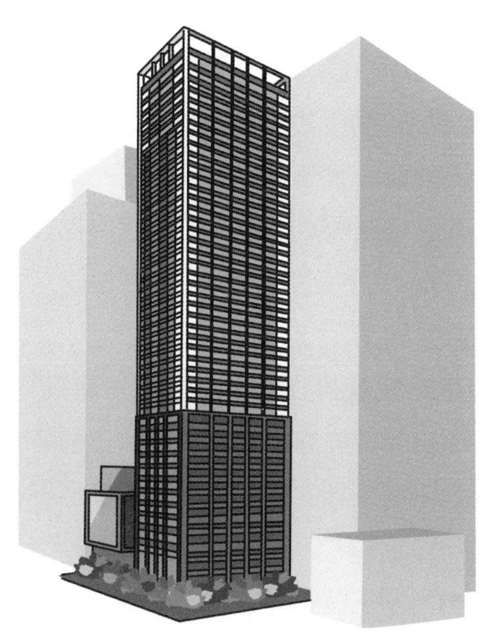

高樓層跟低樓層的差別

談論塔式住宅的優缺點之前，先講講這種塔式住宅的高樓層跟低樓層有什麼不一樣。因為這是動輒高達三～四十層樓的大樓，因此電梯多半分成低樓層專用電梯、中樓層專用電梯、以及高樓層專用電梯。前者僅停 1 ～ 20 樓，中樓層則是 21 ～ 35 樓，後者則是 36 ～ 50 樓之類的。一方面分散使用，一方面也可以節省住戶等待電梯的時間。

想當然爾，低樓層採光較差、又沒無敵景觀，價位相對便宜。而高樓層的價位較高，尤其是最頂樓的兩、三層，本身就具有稀少性，因此建商都會將最高的幾層樓做成更大的豪華房型，至少也都 100 ㎡（約 30 坪）起跳，甚至每坪單價會高出個三～五成。也就是說，當一個住戶大廳等待電梯時，光看他在哪一部電梯前面等，就多少暴露出他的身價了 ...。

住在高樓層的住戶，等電梯時看到旁邊低樓層的住戶時，會不自覺地流露出高人一等的優越感。相對的，住低樓層的住戶受到這樣的視線，自然心情也不會好到哪裡。心理素質差一點的，甚至會因此產生自卑感。大家如果常看日劇，都知道日本的家庭主婦很喜歡比較。拿的包包要比、老公薪水也比、兒女成績要比，甚至連住的地方以及樓層都可以比！有些人甚至會因為你住在低樓層，就言語暴力揶揄。這可不是日劇裡才有的劇情，現實生活也曾發生。這種稱為「媽媽階級制（ママカースト）」的變相霸凌還曾引發不小的社會問題。

塔式住宅的優點

塔式住宅，大多是地區上的知名地標建築，保值性相對也高。因此只要你挑到對的產品，這種產品除了具保值性以外，賺增值財的幅度也很高。有些港區地標型的超高層，從2013年至今，漲幅甚至高達一倍之多。

另外，這類的大樓為了防震，多半蓋得很穩固，因此可以說是半永久的產品，可能一百年後都還穩如泰山，所以沒有像是獨棟透天那種幾十年屋齡就老舊不堪、需要改建的問題。同時，也因為戶數夠多、管理修繕費用充足，大樓維護得宜的話，甚至連你孫子輩都還可以住。

公設部分，塔式住宅除了有高級的迎賓大廳和有如飯店般的管理專員服務以外，有些還附有健身房、會議室、圖書室、玩具間、防災室、甚至還有游泳池以及溫泉的。後疫情時代所興建的超高層，甚至還設立了可供遠端視訊工作的小型工作區。有些塔式住宅的一樓甚至有便利商店、超市或餐廳入駐，儼然就是一座小城市，非常方便！

塔式住宅的缺點

但其實塔式住宅的缺點也不少。上述所提到的優點，換個角度想，就是它的缺點。正因為塔式住宅的公設豐富，因此管理費也不便宜。而且因為塔式住宅的樓高太高了，往後大規模的維修工程昂貴，因此每個月所要繳交的修繕基金也比起一般的公寓大廈還要高。

此外，因為戶數太多，常常會遇到等電梯等很久的情況。上班時間時，電梯搭滿了要出門的人，擠不進去。常常光是為了等一班有空位的電梯，就耗時十幾分鐘，才出得了家門。武漢肺炎疫情爆發期間，因為大家要迴避所謂的「三密（密集、密閉、密接）」，有些塔式住宅還規定電梯裡面最多只能有四人，這更加劇了等不到電梯的機率。「走樓梯不會啊！」ㄝ ... 三、四十層樓，你當我在參加新光摩天大樓的登高大賽嗎！

在隔音面，塔式住宅也有相當大的問題。超高層的建築為了減輕重量，隔間不會用水泥牆，會用輕隔間，再配合隔音措施。因此不可否認，有時候樓上的小孩子在房間內奔跑、或者是樓上的住戶有東西掉落在地板上、甚至是隔壁鄰居關櫥櫃時，都會有蠻明顯的聲響。

其他的缺點，還有像是「停電」、「換氣」。雖然說塔式住宅擁有自己的供電系統，但如果萬一因為地震而導致電梯不能使用，那可能會變成「歸宅難民」回不去，或者有如住在高塔上的長髮公主，出不來。有些塔式住宅為了安全考量，無法開對外窗，因此只能依靠大樓內的換氣系統。就算是購買有對外窗的案件，也因為高樓風強，無法在陽台曬衣服。

除了上述生活上的不便以外，也有專家從醫學的角度去分析，說住在超高層，有可能導致流產以及精神層面的影響。也因為住太高，會讓人覺得要出門很麻煩，反而容易增加宅在家裡的機率。

這種超高層大樓，在日本的住宅史也只不過二、三十年，往後更老舊之後，還會發生怎樣的問題，現階段也還很難預測。而這些種種的不便，可能都是你買進時得列入仔細考慮的要素！

1-6

低層華廈

～清幽靜謐、安穩度日，也是一種人生選擇

你喜歡住在商業區，享受都會喧鬧帶來的方便生活，還是靜謐舒適，與鬧區保持一定距離但又不致於過遠的安靜的住宅區呢？兩種截然不同的生活型態，答案恐怕見仁見智。

「低層華廈」與「塔式住宅」用地區分不同

自住型的公寓大廈產品中，最極端的兩個例子莫過於上一篇介紹的「塔式住宅」與本篇要介紹的「低層華廈」（3～4 層樓左右的 RC 造共同住宅）了。這兩者可說是個性截然不同，喜歡的理由也跟居住者當下的人生階段有很大的關係。

日本的都市計畫法為了讓都市發展更有效率，將每塊土地所能夠興建的建物規模、高度以及用途，劃分成了 13 種「用地區分（用途地域）」。有些地方的土地只能蓋 10 公尺高的建築物，且規定只能作為住宅、學校或者是與住宅併用的小規模店面。有些地方的土地則是可以興建百貨公司、酒店、倉庫、甚至是工廠。（※ 註：關於用地區分，請參考 4-1。）

也就是說，一塊土地之所以會蓋成「低層華廈」，並不是因為建商或地主不想多蓋幾層樓，而是因為那塊土地有非常嚴格的建築限制，只能蓋低樓層的建築（建蔽率 50% ～ 60% 左右，容積率 150% ～ 200% 左右），所以才會拿來開發為「低層華廈」。

大部分拿來興建「低層華廈」的土地，基地大小多為中小規模，戶數頂多 10 ～ 30 戶。少部分則是建商剛好有機會取得較大規模的國有地之類的，才得以做造鎮等級的大型開發。因此「低層華廈」多半位於巷弄內、且周邊環境清幽、交通量不大、附近又有公園或學校，是很適合養育小孩的地方。

至於「塔式住宅」，多半都是座落於容積率與建蔽率都很高的商業地域、準工業地域或工業地域，基地可以蓋出很高的大樓，再加上大規模的再開發（都更）所獲得的容積獎勵，蓋個 40 ～ 50 層樓，戶數 500 ～ 1,000 戶左右都不成問題。

正因為「塔式住宅」立處商業、工業地域，因此它一樓可以規劃為商場，週邊也會有各式各樣的商家，其生活機能比起「低層華廈」的區域要好上許多。因此，我們也可以這樣理解：「低層華廈」附近生活環境佳，但生活機能或許稍嫌不足。「塔式住宅」周邊生活機能棒，但生活環境就沒那麼清幽。

「機能」還是「環境」，取捨看個人

雖然說「塔式住宅」有美麗的眺望、方便的生活機能，但因為塔式住宅戶數過多、住戶的密度太高，再加上塔式住宅內的單位多為大坪數與小套房混在、住戶素質參差不齊、出入份子也相對複雜，因此許多日本專家都認為這種產品其實不符合長居久安的條件。

相反地，「低層華廈」所位處的用地區分，在都市計畫上是不能有超過一定規模商店的，因此低層華廈所在的區域，附近除了住宅跟一些中小學、神社、公園以外，什麼都沒有。如果要去買個東西，就必須走到較遠的大馬路上或車站附近的商業區。採買上雖有一些不方便，但就是居住環境很安寧，附近沒什麼閒雜人等。此外，也因為低層華廈頂多也就才三、四層樓，所以也不會有超高層那種等電梯等不來的困擾。

記得我當初在準備宅建（不動產經紀人）考試時，老師在講解容積率最低的「第一種低層住居專用地域」時，還附帶了一句說「這就是所謂的高級住宅區」。當時這句話讓我印象深刻，才發覺原來這才是真正日本人所追求的生活環境啊。下一篇，我們要介紹的「頂級住宅」，就有許多是座落在低層住居專用地域的。

低層華廈保值嗎？

先從「土地」的觀點來看。你認為「低層華廈」的建地比較值錢？還是「塔式住宅」的建地比較值錢呢？答案很簡單：兩塊一模一樣大小的土地，如果它只能蓋「低層華廈」，它就只能蓋出三、四層樓。但如果它是位於能夠蓋出「塔式住宅」用地的，它就可以蓋出30～50樓，當然是「塔式住宅」的用地值錢多了，而且值錢好幾十倍！雖說塔式住宅的「土地」比較值錢，但如果今天比較的，是蓋出來分售的「建物」，兩間相同大小的房型，一個是塔式住宅，一個是低層華廈，那價值可就難分軒輕了！

首先，「塔式住宅」是在有限的土地上蓋出很高的住宅，基地的土地持份是由整棟數百戶住戶共同持有的，因此每一戶的屋主所能分到的土地持分有可能連一坪都不到。而雖然超高層的建物本身造價昂貴、價值較高，但「建物」是會折舊的，也就是說「塔式住宅」當中會折舊的建物比例佔比很高，但不會折舊的土地部分卻只有一丁點。但「低層華廈」，情況則是恰恰相反！很大的土地，卻僅能蓋出一點建物，因此你的土地持份有時可以高達 10 幾～ 20 多坪，反倒不會折舊的土地，佔比比較高。

也就是說，若從物件本身的「土地與建物」比例來看的話，「低層華廈」理論上應該會比「塔式住宅」保值。前者土地持份高、戶數少、維護或改建成本較低、所有權人較少，將來談改建整合有希望；後者土地持份低、戶數多、維護或改建成本超高、所有權人眾多，將來談改建整合幾乎不可能。但理論歸理論，實際上哪個比較保值，這又與產品本身的規劃、地點以及後續大樓的管理息息相關，無法一言以蔽之。

低層華廈哪裡有？

就「供給量」的部分來看，若只聚焦於東京裡最精華的都心五區（千代田區、中央區、港區、新宿區、澀谷區）這個區塊來看，「塔式住宅」有非常多棟。根據2018年的統計，光是這五區的塔式住宅就高達了165棟，如今2022年只會更多不會更少。

但攤開都市計畫圖就知道，會拿來蓋「低層華廈」的區域（也就是上述的第一種低層住居專用地域，且容積率為150左右的），在都心五區當中也就只有「新宿區」的下落合2～4丁目、中落合1丁目，與「澀谷區」的廣尾、惠比壽、松濤、神山町、上原、西原、大山町與初台、富ヶ谷等區域的一部分區塊而已。而且這些區域也並不是所有的區塊都有足夠好的氛圍以及足夠規模的土地可以讓建商興建「低層華廈」的建案，更多的是零碎土地、氛圍也普普。像這樣的土地，也就只會拿來蓋 1-4 所介紹的獨棟透天而已。

而且，在這精華五區當中，「港區」、「千代田區」以及「中央區」並沒有會被拿來興建「低層華廈」的第一種低層住居專用地域。這是因為中央區主要發展商業、千代田區則是除了商業區以外，有很大的一部分屬於皇居、而港區則是發展為商業以及中高層的住宅區之緣故。除了都心五區外，文京區的目白台、關口、白山、千石、小日向等地區，也都是環境幽雅的第一種低層住居專用地域。

低層華廈容易脫手嗎？

「低層華廈」本身戶數較少，「塔式住宅」本身戶數就很大，再加上都心五區當中會拿來興建低層華廈的地區僅有上述幾處，因此可以說：都心五區當中的「低層華廈」戶數，遠低於「塔式住宅」戶數。

都心五區中的低層華廈，除了可以享受綠意盎然以及恬靜生活外，交通可及性也較方便，因此好地段的低層華廈，其資產性總是維持得比超高層還要好。但也因為「低層華廈」

的供給量較少，且購買此種產品的購屋者多屬於追求生活品質而非生活機能的族群，購買的動機也多非短期轉賣，因此買了以後，多半一住就是好幾十年，這也是市場上好地段的低層華廈流通物件較少的原故。

但是，這些好地段的低層華廈多半離車站有些距離，且價位也多半有一定的門檻，因此日後想要脫手時，一時半刻想要找到條件吻合的買方會比較困難，換句話說，就是說「銷售上的流通性會比較差」。

當然，「低層華廈」如果不是在都心五區內，而是在市郊或郊區，價值自然就打折許多。再攤開都市計畫圖，隨著目光越往都心外圍移動，我們就會發現，像是中野區、杉並區、練馬區、世田谷區以及大田區等，都有很大面積的「第一種低層住居專用地域」。換句話說，就是這些區域的「低層華廈」供給量相對較高，自然稀少性就不如都心五區中的低層華廈。因此，選購低層華廈時，挑對地點、觀察周邊小環境、並衡量自身的生活模式以及將來換屋的可能性，是不可不做的基本功課！

1-7

頂級住宅

～登峰造極、豪隱於市。

這一篇，就讓我們來談論一下東京的「頂級住宅」。疑？怎麼沒有介紹「豪宅」呢？嗯，基本上，這篇所要講的「頂級住宅」，就很接近我們台灣講的「豪宅」！

台灣的「豪宅」一詞，定義較不明確。似乎只要看起來稍微高級一點的，都會被稱作是「豪宅」。甚至還有什麼「小豪宅」之類的講法。但其實日文的豪宅：「豪邸（ごうてい）」一詞，多半指的不是像「帝寶」那種高級的集合式住宅，而是指土地面積上百坪的「豪華獨棟透天」宅。像是日本首富 Softbank 孫正義在「麻布永坂町」的 1000 坪豪宅，或是 Uniqlo 社長柳井正在「渋谷大山町」2600 坪的那種，才有資格稱作「豪邸」。而且說實在的，日本的「豪邸」，跟一般針對末端消費者的不動產市場是脫鉤的。就算想買這樣的產品，只要屋主不想賣，你也買不到。就算你想買地自建，你也不見得能取得這麼漂亮的用地。因此我們就不針對「豪邸」這種產品來討論。

這篇討論的，是比一般高級的「低層華廈」或高級的「塔式住宅」，都還要更高一等級的「頂級住宅」。這種產品也是屬於公寓大廈式的共同住宅，樓層數不一定是低層或中高層，是以本身的質感以及立地來決定。而這些「頂級住宅」，有很多都是由所謂的 Major 7 建商所推出的高檔案件。（※ 註：「Major 7」係指三井不動產、三菱地所、住友不動產、野村不動產、東急不動產、東京建物及大京等七間日本主要的大建商。）

頂級住宅的特點

一般日本人都認為房屋會折舊，買了以後二手的轉售價會跌價，不過像是這篇要講的「頂級住宅」，多半都很保值。且根據統計，這種產品在中古時，變成「ヴィンテージマンション（Vintage Mansion）」的機會非常高，直譯就是「經典名宅，歷久不衰名宅」之意。

「頂級住宅」，乃至於往後能夠蛻變成「經典名宅」的產品，多半擁有下列六種特點：

一、頂級住宅不會在「錯」的地點，只會在都心。其所處的地名要夠響亮，讓人家一聽就知道這是高級住宅區，如：「麻布」、「白金台」、「千鳥ヶ淵」、「番町」…等。但並不是只要在「都心」，且冠上這些「響亮的地名」就好，還必須得「產品本身」與「立地」兩者要能夠互相媒合。舉個例，雖然「惠比壽」也被認為是很昂貴的地段，但惠比壽車站走路兩分鐘的地方，商業氣息濃厚。也就是這這樣的地點，所蓋的住宅，它並不會變成「Vintage Mansion」。雖然說生活機能跟交通很方便，但它也就只是「方便」而已。富人講求的是環境，買得起頂級住宅的人，不會希望自己住家周邊太吵雜。也因此，「頂級住宅」多半不會離車站太近。

就算是離車站很近的頂級住宅，其周邊也不會讓你感到喧囂，它的小環境就是會讓你有一種「wow ！這裡就是高級住宅區」的感覺。

二、頂級住宅的建案，基地通常都不會太小，不然哪來的「豪氣」。且這個基地多半座落於用地區分為「一低層」、「二低層」、「一中高」... 等用途限制以及高度限制皆很嚴格的低層住宅區。因為這樣的地區，才能確保小環境的清幽，不會受到商業氣息的打擾。少數樓層較高的電梯大樓，如千代田區番町一帶的建案，因周邊聚集的全是高級、頂級的建案，因此即便它不屬於低層建築的用地區分，但其環境的形塑，亦造就了不少頂級名宅。

三、頂級住宅裡不會參雜著小坪數住宅，清一色都是一定坪數（至少 100 ㎡／約 30 坪）以上的房型，也就是不會有低總價的房型與高總價的房型同時存在於社區裡面。因為這樣的物件才具「稀少性」，也才可以藉由價錢來篩選社經地位到達一定等級的住戶，才不會龍蛇雜處。換句話說，某些參雜著小坪數的「塔式住宅」，住戶可能高達上百戶以上，因此它頂多就只是「高級住宅」而已，無法算是「頂級住宅」，因此也很難有機會變成「經典名宅」。

四、頂級住宅幾乎都是大建商才蓋得出來的。且這樣的產品還得符合「建材棒」、「規劃好」同時得擁有「好景觀」等要件。另外，「好景觀」不一定要是繁華的夜都市。像是在麻布、廣尾、或白金台那裏，從你家的落地窗，看出去是一片森林、開闊的天空、或大使館外圍的樹…這些也都屬於「好景觀」。同時，由於日本地震頻繁，因此「地盤穩固」也是個必要條件。

五、頂級住宅的公設及管理要到位。某些頂級住宅的建案，一層雖然只有四戶，總戶數也才十來戶，但它就是大手筆規劃了兩支電梯，目的就是要讓住戶隨時想要搭電梯，電梯就會來。而且電梯間出來，還有每戶專屬的等待空間。甚至有些建案，還會在住戶門口設置私人的垃圾空間，因此住戶不需要自己提著垃圾去垃圾場倒，會有服務人員定期來幫你清走。

六、頂級住宅最重要的一點，就是周遭小環境的氛圍。怎樣的氛圍才叫做好氛圍呢？可以多少從這附近的建築、街景輪廓、以及住在周遭附近居民的行為模式觀察出。這就像是兩個小姐站在你面前，即便他們穿著一樣的衣服、梳著一樣的髮型，但兩個人的談吐以及所散發出來的氣息氣質，就有可能完全不同。高級住宅區也是。看起來街道都長得一樣，生活機能看起來也都差不多，但是高級住宅區，「氛圍」就是感覺得出來。建議各位讀者不妨多多實地走走，你一定會發現哪裡不一樣的。

有錢還不一定買得到

頂級住宅由於戶數少，又具備「珍、稀、絕」要件，因此多半會在你不知情的情況之下就銷售一空。甚至有些格局較好的戶數，多半都被地主或者開發商相關人員直接吃下來，根本不會釋出。

這種產品，建商不會大打廣告，只會在自家網頁刊登消息，又或者只會通知有加入建商會員的客戶。站在銷售端的立場來看就知道，這種產品根本不需要太用力賣，就會輕鬆完銷。而且甚至常常會有一大堆人來跟你搶，因此到最後幾乎戶戶都得抽籤。換句話說，你有錢，還不見得買得到。

我曾經去看過某個案子，它位於植物園第一排。而且他的第一排，還不是隔著馬路，而是你從你的室內陽台，就可以摸到植物園裡面的樹的那種第一排。它就只有 16 戶，且最高樓層的兩樓，早就被地主及相關人員自己包起來了，也就是即使你有錢想要買，是一點機會都沒有。建商賣屋時的態度也很強勢，因為預售時一戶高達三億日圓（現在應該翻倍了），因此一般人幾乎都需要使用貸款才有辦法購買。但建商卻擺明說，如果你要貸款，我們不跟買方簽署「貸款如果下不來，則解除契約」這種附帶「停止條件」的合約。請在抽籤之前，自行先去跟銀行談好，確定銀行願意貸款給你，發證明給你後，才願意讓你進來抽籤。

而且其實這個頂級案件，從建商開始「事前說明會」，到「正式發售抽籤」日，只有短短兩週，這…建商擺明了就是只想要賣給能拿出現金的有錢人而已。因為建商也知道，像這種案子，後面排隊拿現金等著購買的客人一堆，賣你，只是徒增他們自己的麻煩而已。也就是說，如果你想住進這樣的地方，而你卻只有一億日圓的現金，需要貸款的話，那你可能連抽籤的機會都沒有。這種產品可能隨時要有個三億日圓的閒錢擺在那裡的人，才有辦法入住。殺價？門都沒有！那…它有賣得很好嗎？有，「當日完銷結案」！

至於要怎樣才有機會購得這種「頂級住宅」呢？除了備妥厚厚的現鈔外，也就只能平時多多留意各大建商的網站，一看到類似的消息就積極與建商接洽，展現出自己強烈的購買意願了。

1-8

渡假屋

～有錢人的玩具？不，是中產階級的牢獄！

日本的郊區溫泉渡假屋，像是伊豆高原之類的，房價都非常便宜。無論是「公寓大廈」型的「リゾートマンション（Resort Mansion）」、或是「獨棟透天」型的「リゾート別荘」，售價從 2 ～ 300 萬日圓起跳，好一點的可能也只要 1,000 多萬日圓即可入手。

渡假屋的前世今生

這些物件大多是 70 ～ 80 年代泡沫時期所興建，因為當時人們賺錢很容易，便有了龐大的郊區渡假屋的需求。90 年代泡沫破裂後，這些渡假屋供給過剩、但需求不再，因此渡假屋的房價開始跳水式下墜。且渡假地畢竟不是能夠長期定居的地方，醫療、採買都非常不便，因此這些房屋被日本人棄之如敝屣，價位跌到只剩當初的 1/10 都沒人要。

武漢肺炎疫情爆發後，「居家辦公（在宅勤務）」以及「雙據點生活模式（二拠点生活）」的風潮興起，再加上不能出國導致國內旅遊大爆發，使得這些位於美麗大自然的渡假物件迎來轉機，再度受到人們的關注。（※ 註：「雙據點生活模式」指平日幾天需要到公司出勤的日子，就住在都心的小宅，假日或者是可以居家辦公的日子則住到鄉下享受田園生活。）

或許是因為價格基期低，某些交通較方便的物件、或是維持狀況較好的物件，近兩、三年都有蠻可觀的漲幅，甚至有些賣方看到機不可失，開價直接加倍。雖然開價加倍，但對於受益於日圓重貶利多的海外買家而言，即便是 500 萬日圓的物件開價到 1,000 萬日圓，看起來還是相當便宜。

至於這樣的產品能不能買？那就看你個人的需求，但買這種渡假屋，有些風險你不能不知！

公寓大廈型？還是獨棟透天型？

像是這樣的渡假屋，大概可以分成兩種型態。一種就是有上百坪獨立土地與一棟木造建築，有些還有接溫泉管線的「獨棟透天」型的別墅；另外一種就是區分所有權式，每一間 10 ～ 50 坪不等的「公寓大廈」型產品。它有電梯、共用溫泉澡堂、管理中心，有些規模較大的，甚至還附設社區餐廳。

這兩者最大的差別，在於「維持成本」。如果是「獨棟透天」型的，由於是木造建築，而且又因為折舊得差不多了，雖然說它有上百坪的土地，但因為地價非常便宜，因此固定資產稅其實一年也就幾十萬日圓。至於建築物的維護，樹木的修剪 ... 等，就看各個屋主的保養狀況。常去的話，就可以維持得還不錯，花的錢可能也不多，但若不常去的話，就會折舊劣化得非常快。但因為是各自擁有所有權的建築物，即使稍稍殘破，你要選擇不維護也可以。

但如果是「公寓大廈」型的，這維護成本可就高了。「公寓大廈」型屬於 RC 造，又需要支付管理費跟修繕費用，且又因為它本身渡假溫泉宅的性質，所以維持費用都會比一般市區的公寓大廈還要來得高，因此有些物件光是一年的維持費用就高達 100 萬日圓。

好啦！這些問題其實都是可以事先預想到的。那既然你是要享受人生，那假設這些費用都在你的預算範圍內，你也會常常去的話，那要不要買，其實端看你個人的喜好。但下手購買之前，我們不妨先來思考下面幾個問題，如果都覺得 OK 的話，再下手也不遲。

一、物件不流通

有一天，我跟一位伊豆高原專營渡假屋的業者約好，打算要看三個物件，兩個「獨棟透天」型的，一個「公寓大廈」型的。其中有一間獨棟透天型的別墅很漂亮，是屬於造鎮型渡假社區中的其中一間，不過就是在深山裡。雖然有公車可以到達，但是需要一個多小時車程，公車班次一天僅有六班。

當天到了當地的仲介店，原本溝通好要看三個物件的，沒想到業務員裝傻，只想帶看前兩個車程十分鐘的，不想要帶看最棒的、車程三十分的，因為他覺得我不會買。還是我很堅持地說我一定要看，都從東京搭車兩個小時來了，怎麼能不看呢？他才勉為其難開車帶我上山看屋（而且還面帶屎色）。

在車上時，我就跟他閒聊。得知這個別墅區是泡沫時代的大型造鎮，當初可能一戶都要六～七千萬日圓，而今只剩幾百萬，還沒人要買。這裡總共有 1,000 多棟，每棟的土地都是三、四百坪，但只有 70 幾戶定居在這裡。這時我又很故意地問了一句：那請問貴公司，在這個別墅區，一年成交幾戶呢？沒想到仲介也毫不隱瞞地告訴我，說他做了三年，公司只成交過兩戶。也就是這裡的物件「不流通」。而這裡他們正在銷售的案子，很多都是賣了兩、三年了還沒成交 ...。

二、交通不方便

另外，這些美輪美奐的別墅區，有大自然、清幽的環境、乾淨的空氣、與世隔絕的寧靜。換句話說，就是「很難到達」。如果你在東京工作，要來這裡放鬆渡假，首先要先搭 2 個小時左右的電車，單程票價就高達 6,000 ～ 7,000 日圓，來回就是一個人要 1 萬 5,000 日圓左右。到了車站後，還得搭公車或計程車才能到達你的別墅。或者，你可能就要在日本也買一台車，至少可以從東京直接開個三個小時到別墅。

而如果你想要去買個生活日用品，基本上附近什麼都沒有，一定要開車到車站附近才會有超市。因此如果你要長期定居在這裡，可能會非常不方便，不管要去哪裡，都得開車半小時以上。

那，別買這個別墅區的獨棟透天，考慮其他「公寓大廈」型的產品呢？基本上也都是要開車，只是可能比較近一些，從車站開個十幾分鐘。社區附近也是什麼都沒有，頂多就社區裡面有幾台自動販賣機而已，無聊程度不會比 30 分鐘車程的那個好到哪裡去。

好吧，那我買離車站近一點的物件總行了吧。不過離車站太近，一點都沒有鳥語花香、青山綠水、雲霧飄渺、浮雲朝露，且又要三、四千萬日圓，那到底買這裡幹嘛呢？

三、大雪濕又冷

山上，容易起霧、濕氣也很重，因此你的渡假生活可能要整天開著除濕機。而且冬天還一定會積雪。有些地區的積雪甚至積到你的胸部這麼高，而且雪會從一月份一直持續到三月份才融化。換句話說，冬天期間即便想去住，也會非常不方便，來到你的渡假屋還得先鏟雪才進得了家門。一般市售的電熱暖氣在這樣的氣候下根本無效，必須安裝燈油式的、很大台的那種，才能稍稍舒緩寒冷的氣息。

如果你天天都住在這裡倒還好，但如果你只是偶爾渡假才來住，基本上冬天水管一定會結凍。好不容易冒著風雪、寒風徹骨、千里迢迢來到你的別墅，結果發現溫泉水管結凍了，沒有暖呼呼的溫泉可以泡，還真的不知道是來這裡幹嘛的。再加上山路積雪，如果不小心打滑的話…。

四、維護花大錢

房子一定要有人住，如果空屋太久的話，屋內的狀況就容易變得很糟糕。雖然說「公寓大廈」型的產品有管理中心在維護公設，但如果你室內沒人住，很快地，它看起來就會像是咒怨裡面的鬼屋一般。

我去看的第二間「公寓大廈」型的，就是因為潮濕，窗戶旁邊都長蘑菇了。雖然它是 RC 造的，但天花板似乎也都有漏水的痕跡。而因為屋主都沒有來使用，因此即便它的裝潢都沒有刮傷或損壞，但看起來就是「舊得很噁心」。這一間賣 1,000 萬日圓，但可能光是這些地板，窗戶等的補修費用、壁紙重貼、防水工程…等，可能也要花掉你 1,000 萬日圓。來來回回將近 2,000 萬日圓，有必要買在這種地方嗎？

當然，如果這些你都能接受，你也可以常常去住的話，說不定是個相對划算的選擇。但建議你購買之前，先確認好整體的修繕計畫以及目前已累積的修繕基金，是否足以應付將來整棟大樓的修繕。若同一棟樓裡面有許多住戶都欠繳管理費與修繕基金，那將來整棟樓房廢墟化的可能性就相當高。

此外，挑選將來還有人願意接手的物件也相當重要。購買前務必全方面思考再決定是否購入，可別因為便宜，一時衝動而套牢了一輩子！

1-9

滑雪宅

～國際資本的造鎮遊戲

近年來，外資大舉進駐日本的滑雪勝地，不知不覺當中，日本有許多滑雪場附近，都開始了大規模的造鎮度假村，尤其以北海道二世古（ニセコ），更是造起了超豪華的滑雪宅，房價一間動輒 1 ～ 2 億日圓，堪比東京都心精華區，更豪華的，5 ～ 6 億日圓都不在話下！

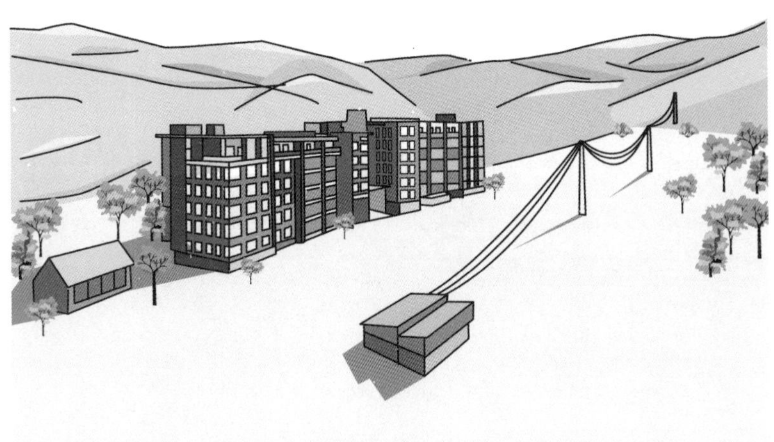

帶我去滑雪

先來講個滑雪場炒房故事，發生在新潟縣南魚沼郡湯澤町。對，就是諾貝爾文學獎得主：川端康成筆下的「雪國」，從上越新幹線的「越後湯澤」車站開車不遠的地方。

由於當時正值日本泡沫經濟，加上山上博史與原田知世主演的電影「帶我去滑雪吧（私をスキーに連れてって）」的吹捧，配上了紅極一時的電影主題曲：松任谷由實的「戀人是聖誕老人（恋人がサンタクロース）」，讓日本興起了一股前所未見的滑雪熱潮。年輕男女幻想著自己能跟電影男女主角一樣，來個滑雪場之戀；有錢一點的，則是想要在滑雪場前擁有自己私人的渡假滑雪宅，讓自己隨時想滑就滑。也因為這樣的一窩蜂，讓各大建商嗅到了商機，因此在這裡興建了高達 50 棟以上，約 1 萬 5,000 戶的滑雪渡假屋。

但時至今日，由於這裡的滑雪熱潮已退，再加上泡沫破裂，導致當初分售價格高達數千萬日圓的滑雪宅，一度價格跌落至一間只賣 10 萬日圓，都還沒有人願意接手！

十萬日圓的滑雪宅

其實這個滑雪渡假宅，其實並不是真的 10 萬日圓你就可以得手。日本的不動產，只要「持有」，就有很高的固定資產稅。而且這類的休閒用不動產，其公共設施的維護管理修繕費用都不便宜，因此很多屋主寧願就把房子丟在那裡不管，連稅金跟管理費都不繳了。也就是說，這樣的物件即使免費送你，你都得補繳之前屋主高達數百萬日圓的欠款，才可真正擁有這個房產。而且，其實據瞭解實情的業者透露，由於這裡的大樓，管理修繕費用欠繳的人太多了，因此實際上設備早已老舊不堪也沒錢維護，整個社區鬼城化。因此買了之後，你也不見得就能享用裡面的設備、開心滑雪享受人生。

日本人不滑，外國人來滑

比起 90 年代的滑雪風潮，現代的日本年輕人都不滑雪了。因為現在進入了低慾望社會，年輕人沒錢、沒興趣、低物慾、不交際。娛樂生活只要有 iPhone 可以看串流、打手遊，就一切搞定！因此據說長野縣的白馬滑雪場，比起全盛時期一年的 2,000 萬人次遊客，掉到疫情前只剩下 550 萬人次。

但…你以為這樣滑雪場就經營不下去嗎？你錯了，反而現在白馬這邊很多歐洲人以及澳洲人來滑。聽說因為這裡的雪質非常好，所以吸引了許多歐美喜愛滑雪的人士，而且一來都是十幾天。但，他們不是住飯店，而是「買民泊」！雖然一年只滑十幾天，但這些老外很聰明，自己不住的期間就委託民泊租賃公司幫他們短租給其他滑雪客賺房租。聽說這樣的房子，一間 90 ㎡（約 27 坪），要價一億日圓。

天價滑雪宅，超高投報率？

對，上述的價位我沒有多打一個零。這個單價超過每坪 360 萬日圓，已經直逼東京都心住宅的價位了。賺得回來嗎？聽說一晚可以租 9 ～ 12 萬日圓，投報率高達 43%，也就是，兩年多一點點就回本。只不過，一年當中不知道可以租幾個月就是了。但即便一年只有租掉 60 天，換算下來，其投報率仍高達 7.2%（當然還得扣掉成本，管理費等）。

同樣，北海道的二世古（ニセコ）滑雪勝地，也是被香港以及中資以上述的方式大量進駐，不過北海道這裡更貴！432 ㎡（約 130 坪）的 Villa 可以賣到 5.3 億日圓，單價每坪超過 400 萬日圓，甚至在武漢肺炎疫情期間，都還有頂樓的樓中樓房型（Penthouse）成交高達 8 億日圓的新聞出來，簡直直逼東京都心頂級住宅的價位。真不愧是外國人，有勇氣拿都心的價位來買北海道！聽說這裡是香港的開發商來蓋，然後全部賣給大陸人跟香港人 ...。

開發，本來就會使一個地區的地價跟房價上漲。若伴隨著實際的需求，整體環境形塑成有如海外高檔渡假勝地，再加上北海道新幹線的通車，甚至 2030 年還會將新幹線拉到這附近，那麼會有外國富豪願意掏大把鈔票買進（或隱匿資產），那也就不足為奇了。

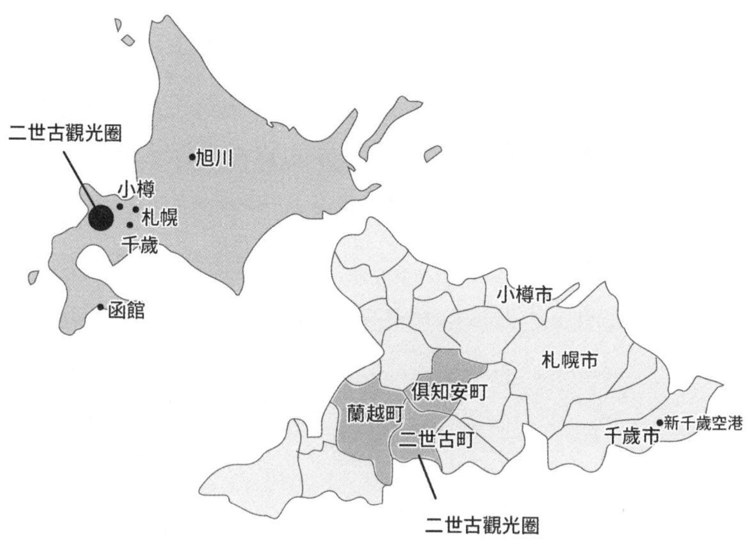

實際上，根據 2020 年 7 月份日本國稅廳的發表，二世古渡假勝地周邊的俱知安町山田，其路線價從 2014 年當初的 1 ㎡單價 5 萬日圓到 2020 年的 1 ㎡單價 72 萬，六年來漲幅高達 14.4 倍，且連續六年上漲率居全國之冠，最近光是一年內的漲幅就高達 50%。由此就可得知這裡的開發盛況以及交易熱度。所謂的「二世古觀光圈」，正逐漸成形。

當然，「聽說」這些滑雪宅的購買者幾乎都是外國人。也真不愧是外國人，都有買房投資，資產配置的概念。他們會為了喝牛奶而養一頭牛，而自己不喝牛奶的時候，就把奶賣給別人喝。有錢人果然跟你想的不一樣！

其實我個人認為「為了喝牛奶而養一頭牛」並不是錯誤的觀念，只不過你要有看牛的眼光，要養到可以擠出濃醇香的好牛，不能養到那種快死的、連肉都很難吃的老母牛。至於這裡的滑雪宅究竟將來會漲會跌？能不能買？就連日本各路專家的意見都很分歧。但如果哪一天外國人的滑雪風潮突然退去，難保越後湯沢的情況不會在此重演 ...。

1-10

老屋翻新

～阿匹婆拉皮，也不會變成林志玲

相信對日本房產稍有涉略的人，多少都聽過這樣的說詞：「日本的房子會折舊」、「日本人買新不買舊」... 等。

新成屋與中古屋的市場比例

的確！過去的日本，確實存在著這樣的「新築信仰」。因為過去的日本處於通縮時代、房價不高，自然新成屋的價位也不至於高到讓首購族望屋興嘆。就供給量方面來看，2000 年代首都圈的新成屋供給量（※ 註：本文指的新成屋與中古屋，皆為公寓大廈型的「分譲マンション」，不包含獨棟透天「戸建」），一年高達將近 10 萬戶，然而同時期的中古屋，成交的戶數也才僅僅 2 萬戶左右。新成屋供給量足足是中古成交量的 5 倍。藉此窺知，當時的購屋者的確多是「買新不買舊」。

中古屋成交量較新成屋的供給量逐年上升

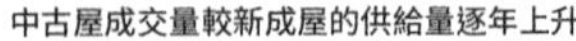

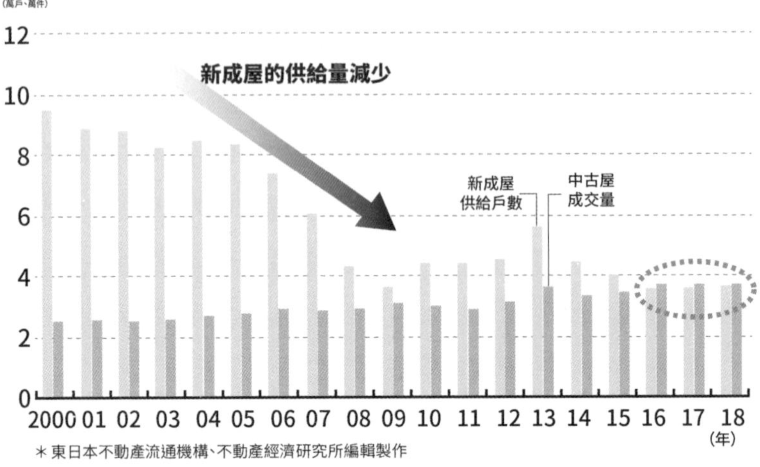

然而近年來，尤其自安倍經濟學開始之後，新屋供給量就越來越少、而中古屋的成交量則越來愈高。2016 年～2018 年這三年間，甚至還出現了中古屋的成交量比新成屋的供給量還要多的逆轉現象。去年 2021 年的最新數據顯示，新成屋供給量跌到只剩 4.1 萬戶，同年中古屋的成交量為 3.9 萬戶，雖然新屋現在稍佔上風，但這兩者仍處於拉鋸戰當中。

新成屋的供給量減少，有許多複合式的原因（如：建築費用以及人事費用高漲、建築用地難以取得等）。且新屋供給量減少，又在多重因素的相互作用下（如：日圓下跌帶來的原物料上漲、量化寬鬆導致市場資金充沛等），連帶拉高了新成屋的價位，這也讓許多購屋族難以負擔。更多的購屋者不得不與自己的荷包妥協，考慮轉向中古屋。

正因為中古屋的買賣市場幾乎已經與新成屋的供給市場平起平坐，因此許多不動產業者除了原本的房屋買賣的仲介業務以外，也搶進了「買取再販」的中古市場，做起了「老屋翻新（リノベーション／ Renovation）」的事業。

何謂買取再販

什麼是「買取再販」呢？簡單來說，就是「低價買入老屋，重新裝修後再高價賣出」。對！就跟台灣那些人見人惡的投資客所做的事情是一樣的。只不過這件事情在日本不是由「個人投資客」來做，而是由專門的「宅建業者（不動產業者）」來做。

這種「低買高賣賺差價」的行為看在台灣人眼中，可說是吃足了買方以及賣方的豆腐。在台灣還曾經有房仲業者因為串通自己認識的投資客來做這樣的事情，被賣方認為是詐欺而告上法庭。但在日本，這樣的行為不僅完全合法，而且還受到政府的鼓勵，甚至對於業者還有稅制上的優惠。因為這樣的行為，除了實質上提升了老屋的品質外，也促進了中古市場的流通。相信常看日本售屋網的朋友應該會發現，有許多物件上面都會標明「売主物件（業者即為賣方的物件）」，這些物件絕大部分就是這樣的老屋翻新宅。

個人低買高賣合法嗎？

疑？看起來蠻好賺的，又有政府的獎勵，那為什麼都是「宅建業者（不動產業者）」在做，怎麼都沒有像台灣這樣的「個人投資客」在做呢？因為日本的宅建業法有明文規定，如果你從事「反覆販賣不動產給不特定多數的對象」，那你就必須取得「宅建業（不動產業）」的營業執照。

這裡指的「宅建業」執照，並不是你去考過「宅建士（不動產經紀人）」的證照就可以。你必須還要開公司、登記立案、取得主管機關的認可才行。沒有「宅建業」的執照還從事這類轉賣的生意，屬於違法行為。輕則罰錢、重則直接被抓去關。也就是說，像台灣早前那批有名的三黃一劉投資客，多次轉賣房屋，若這行為是發生在日本，他們百分之百會被抓去關（雖然他們在台灣也是有人被抓去關，但原因是「逃漏稅」。在日本則除了「逃漏稅」以外，還「違反業法」）。

疑？那我自己住的房屋拿出來賣，不給仲介賣也不行嗎？當然可以！因為你並不是「反覆」，你只有「一次」。疑？那我自己投資了七、八間房，自己賣也不行嗎？又或者我有一片很大的土地，自己切成四、五塊小土地拿給仲介委賣，這樣也不行嗎？原則上，上述兩種情況因為都是「反覆、且對象屬不特定多數」，因此都「必須」取得宅建執照。但如果你「不是那麼頻繁地買進買出」，又「沒有與人結怨、被人檢舉」，基本上應該是不會被盯上（別與人結仇很重要）。我也聽聞很多台灣人都將台灣投資客的那一套「轉賣賺很大之術」搬到日本實踐，頻繁進出市場。雖說也有合法報稅，但你沒被抓，就真的只是運氣好（或規模太小人家不想鳥你）而已。

結論就是說，「買取再販（買房屋來重新裝潢再賣出）」這門行業，是業者的特許行業，老百姓不能做！

業者所提供的附加價值

或許有些人會覺得不動產業者這樣「低買高賣」、「買取再販」的事業很黑心，但事情並不是這樣看的。畢竟，能夠找到便宜且有獲利空間的物件，也是業者們的營業努力。他們必須花費許多心力與時間去開發客戶、去打電話、去拜訪客戶、去與同業交際應酬，才有辦法找到願意將自己中古便宜賣的屋主，並且搶先在一般消費者之前就先買下。買下的同時，業者還必須承擔「賣不掉」的風險。如果業者眼光太差，看走眼了，即便將這老屋改造得美輪美奐，但如果這個物件在市場上就是沒有需求，那業者也只能摸摸鼻子認賠。

更何況，買進房屋再重新整理賣出後，本來就有為這個房屋附加上更大的價值，如果今天他們買賣的不是房子，而是車子，將他們看作是中古車的業者，或許就能稍微理解為什麼這樣的事業模式在日本能夠成立的原因了。

消費者總是容易受到當下情境的影響。有時候沒裝潢的老屋，即使便宜賣，也有可能賣很久都賣不掉。但常常也有那種在市場上賣很久都賣不掉的老屋，經過買取再販業者買來裝潢之後，過沒多久就高價成交的案例也比比皆是。可見人類真的是很容易受到眼見事物影響的感性動物。

當然，你買中古屋再自己裝潢，房屋價錢加上裝潢費用，一定遠低於買取再販業者裝潢之後賣給你的價位。業者要賺錢啊！也就是說，你買進的「買取再販業者」的物件，絕大部分都是「高於市場行情價」的。但你卻省下了惱人的裝修事宜，一卡皮箱就可入住。因此這種「老屋裝修」的物件到底能不能買，就看你認不認可這個業者所提供給你的附加價值。

老屋翻修宅的缺點

「那，會不會有黑心裝潢的問題呢？」

既然他們是業者，他們在從事這樣的事業時，就必須在法令的規範下做。宅建業者必須承擔「瑕疵擔保責任」，如果交屋之後，買方發現有什麼可歸咎於賣方的瑕疵，業者在2年內都必須承擔責任，而且業者多有立案，也有加入保證協會，因此也比較不會遇到台灣那種買到黑心裝潢的房屋，最後索求無門的局面。

不過畢竟老屋就是老屋，仍有許多改變不了的缺點。如房子本身的斷熱性不足、格局不符合現代人的生活、建築物本身耐震度不足。更況且，有些業者為了賺錢，並沒有進行全方位的翻修。與其說是「リノベーション（Renovation）」，更多的都只是換換壁紙跟地板以及故障的設備、回復原狀等「リフォーム（Reform）」等級而已。因此購買這樣產品時，務必睜大眼睛、仔細打量、才不會買貴了，又買到廉價裝潢。

此外，即便「老屋翻新」的中古屋比新成屋便宜，但它實際上就是中古屋，因此銀行在審核房貸時，借款成數與還款期間都會比較差，太舊的物件甚至還貸不下來。因此挑選不會太舊的新耐震基準（※ 註：參考 4-7）的物件、施工確實的物件、以及管理良好的物件，就成了選購此類產品的一大重點。

老屋翻修宅的優點

但不可否認的是，有很多中古屋的地點都比新成屋還要棒，這也是都市發展的必然現象。30 ～ 40 幾年前，都市還不像現代擁擠，公寓大廈型的產品也不像現在這麼多，自然有比較多漂亮的建地以及較棒地點的土地可供建商開發。當時建商一定是先挑選這些漂亮的土地來開發，但越到後面，都市開發越完善，剩下的，多只剩形狀較差的土地、地點較差的土地，這也就是為什麼「中古屋」很多在地點上都比「新成屋」還要來得棒的原因。綜合評估下來，或許這些好地點的中古翻修宅，將來的保值性還比新供給的新成屋更佳也說不定！

二、

實務篇

交易過程全攻略

02

如何慎選幫你服務的業者？日本又有哪些口碑優良的大建商？

筆者為你破解，怎樣的格局才是好屋，交易流程有哪些細節需要留意！

2-1

宅建業者

～幫你服務的公司是合法業者嗎？還是只是牽猴仔？

上一篇我們提到了在日本若是要從事「反覆販賣不動產給不特定多數的對象」，就必須要取得「宅建業」的營業執照。但如果你只是買個一、兩間房屋自住、又或者只是買來收租的，就不需要取得「宅建業」的營業執照。換句話說，若你今天作為一個消費者到日本買房，為你服務的公司就必須要持有「宅建業」的執照，因為他們做生意的行為就是「反覆販賣不動產給不特定多數的對象」。

有些所謂的「牽猴仔」，私自幫你介紹日本房產、抽取佣金。若他所服務的公司並沒有「宅建業者」的證照，除了他違反業法以外，對身為消費者的你也非常沒有保障，事後若有什麼糾紛恐怕會索賠無門。

什麼是宅建業者

「宅建業」的全名是「宅地建物取引業」，就是「不動產交易業者」的意思。要確認一間公司是否為合格的宅建業者，最簡單的方法，就是進到他們公司時，看他們空司有沒有在顯眼的地方貼出或者掛出右圖的「宅地建物取引業者票」。此為業法規定一定得揭示的東西，合法的業者一定會懸掛。

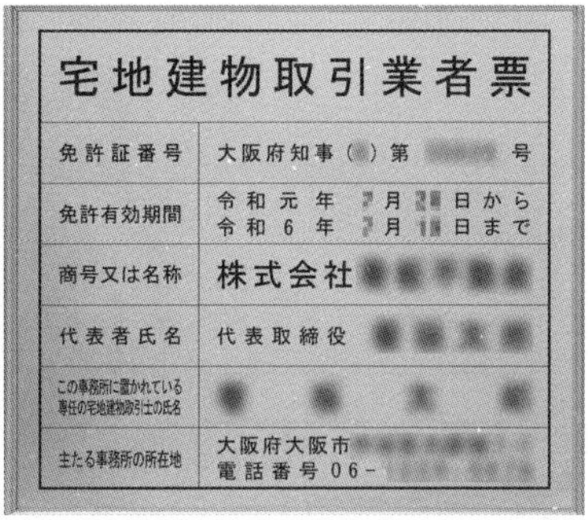

「宅地建物取引業者票」上，詳細記載了這間公司的執照號碼（免許証番号）、執照有效期間、商號名稱、代表者姓名、此事業所的專任不動產經紀人（宅建士）的姓名、以及公司地址與電話。

若你尚未去過他們的辦公室，也可以請與你對接的業務人員告訴你他們公司的執照號碼。執照號碼為「東京都知事（1）第 XXXXX 号」或「国土交通大臣（1）第 XXXXX 号」的形式。開頭的「東京都知事」代表發證者，在東京的業者就是東京都知事、在大阪的業者就是大阪府知事、國土交通大臣則是規模較大、事業跨雙縣市以上的業者。括弧中的數字代表這間業者的業齡。1 為開業 1 ～ 5 年的業者，2 為開業 6 ～ 10 年的業者，5 年為一單位（5 年必須續照一次）以此類推。後面的號碼就是業者的編號。

要確認一間業者的號碼是否為真，可到國土交通省的網站查詢。使用商號名稱查詢或者執照號碼查詢皆可。日本全國的業者皆可於此處查詢到。東京都的業者亦可自東京都住宅政策本部的網站查詢。以下為這兩處的連結：

●国土交通省宅建業者検索システム：
https://etsuran.mlit.go.jp/TAKKEN/takkenKensaku.do

●東京都宅建業者情報提供サービス：
https://www.takken.metro.tokyo.lg.jp/search

什麼是宅建士

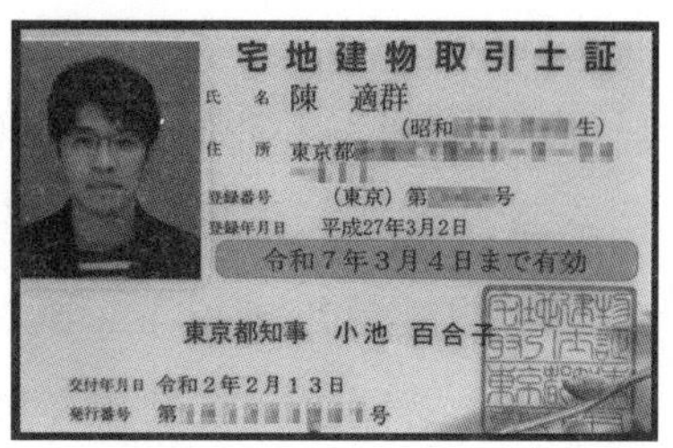

「宅建士」的全名是「宅地建物取引士」，就是「不動產經紀人」的意思。日本規定，宅建業者的事務所內，至少要有一名合格的「宅建士」，若超過五名員工的事務所，則必須以5：1的比例來聘請雇用宅建士。為你服務、帶你看屋的業務人員並不需要為「宅建士」，但你簽約前的重要事項說明書，必須要由合格的「宅建士」來說明。簽約時，也必須要由「宅建士」於你的合約書上蓋章，代表你整個契約流程是合乎法令的。「宅建士」於重要事項說明時，「必須主動」出示「宅地建物取引士證」給你看，若他沒出示，你也一定要請他出示給你看，證明他是合格的「宅建士」，也對自己的契約多了一層保障。

無論你是找「建商」買新屋，還是找「仲介」買中古屋，這些在日本通通都算是「宅建業」，因此都受到「宅建業法」的規範。交易前都務必確實確認上述所提及的「宅建業者票」，以及確認為你說明的「宅建士」是否為合格證照持有者。

仲介業者收費標準

透過仲介購買房屋時，需要支付房仲業者一筆仲介費用。不過根據業法的規定，是有收費上限的。如果你的房屋總價為 200 萬日圓以下，則業者可以向買方及賣方各收取成交價的 5% 作為仲介費用；如果房屋總價介於 200 萬日圓至 400 萬日圓之間，收費上限為成交價的 4%+2 萬日圓；若房價超超過 400 萬日圓以上，則收費上限為成交價的 3%+6 萬日圓。如果你委託的仲介公司為消費稅課稅業者（大部份都是），那麼以上的仲介費用價格，還得再加上 10% 的消費稅。因此實際計算方式如下：

● 200 萬日圓以下：
（成交價 ×5%）×1.1 消費稅

● 200 萬 ~400 萬日圓：
（成交價 ×4%+2 萬日圓）×1.1 消費稅

● 400 萬日圓以上：
（成交價 ×3%+6 萬日圓）×1.1 消費稅

舉個例子來說，如果你今天購買了一間 5,000 萬日圓的房屋，則仲介業的收費上限就是（5,000 萬日圓 ×3%+6 萬日圓）×1.1 ＝ 171 萬 6,000 日圓。若業者跟你收取超出以上的費用，他就是違反業法，最重是可以被判刑一年以下或 100 萬日圓以下的罰款的。

此外，由於日本近年空屋問題嚴重，政府為了促進廉價空屋的流通，設立了「低價空屋買賣交易仲介費用特例（低廉な空家等の売買取引における媒介報酬額の特例）」。如果成交價低於 400 萬日圓，則仲介業者可以「破例」向「賣方」收取最高 18 萬日圓加上消費稅的報酬。

例如一間成交價為 100 萬日圓的房屋，仲介業者可分別向買方及賣方收取以下的費用：

●買方：

100 萬日圓 ×5%×1.1 消費稅＝ 5 萬 5,000 日圓。

●賣方：

18 萬日圓 ×1.1 消費稅＝ 19 萬 8,000 日圓

2-2

媒介契約

～買賣房屋時，小心房仲串連投資客坑殺你！

當你想要買屋或者是出售自己的房屋時，都必須先跟房仲業者簽署「媒介契約」。只不過實務上，大多都是買方看好房子後，已經確定要購買時，才會簽署「媒介契約」。而賣方則是銷售活動開始之前，就必須與房仲先簽訂好「媒介契約」，因為房仲必須要先有屋主簽給他的「媒介契約」，才可以向管理公司或行政機關調閱物件的詳細資料。

委賣時，有三種合約可以選擇：「一般媒介契約」、「專任媒介契約」以及「專屬專任媒介契約」。

三種媒介契約

第一種「**一般媒介契約**」，就是賣方除了可以委託給多家業者販售外，也可以自己找親戚朋友來購買。因此這種合約，仲介業者並沒有將你的物件登錄至指定流通網（REINS，全國房仲業都可以看到的網站）上面販售的義務，也沒有向你報告販賣活動的義務，因此如果你只委託一間仲介幫你銷售，你物件的「觸及率」就會少很多。必須自己多找幾間房仲幫你賣，才可提昇觸及率。

站在房仲的立場，這種合約他們多半都不怎麼喜歡。因為就算房仲幫你帶看了好幾十組客人，甚至都談得差不多、準備簽約了，你也可以突然反悔找別人賣。又或者是半途殺出個程咬金，別間仲介用更好的條件來搶你的房屋。因此往往簽署這種合約，房仲業者並不會專心幫你賣房子。但站在屋主的立場，如果你的物件是搶手貨，根本不太需要仲介幫你推就會成交，你多拿給幾間賣，反而比較容易獲得出高價的客戶。但如果你的物件本身冷門、地點不佳，極需業務幫你努力推廣、做廣告，不妨可以考慮下列的「專任媒介契約」或「專屬專任媒介契約」。

第二種「**專任媒介契約**」，就是賣方只能委託單一家仲介業者委賣，因此業法才規定，為了增加房屋的曝光度，業者需要在接到委售物件的七日內，將物件登錄到指定流通網 REINS 給全國房仲看到這個訊息，以利銷售，同時也必須每兩週就得向屋主回報一次委售情況。正因為這種合約代表了這間房仲對於你房屋的獨賣權，因此他們會比較樂意為你花錢做廣告、向客戶推廣。

第三種「**專屬專任媒介契約**」，基本上跟第二種一樣，只能委託單一房仲公司賣。兩者的不同之處，在於第二種「專任媒介契約」，屋主可以自己找買方來買，而第三種「專屬專任媒介契約」不行。且房仲必須每週跟屋主報告一次售屋進度，規定略比第二種嚴格。

也因為這種合約保障了房仲的「獨賣權」，如果你不幸遇到了一個爛房仲，你對他們的服務不滿，又或者他們惡意不將條件較好的客戶介紹給你，而介紹條件較差的客戶，你也無法請別人賣（※ 註：「囲い込み」）。因此，為了保護屋主，第二種以及第三種合約規定只能簽三個月，期間到了屋主可以決定是否續簽。

小心仲介「包圍網」

上述說明了房仲擁有你房屋獨賣權時，可能會「惡意不將條件較好的客戶介紹給你，而介紹條件較差的客戶」，這種行為日文稱作「囲い込み（包圍）」。這是為什麼呢？說穿了，當然就是為了房仲自身的利益！

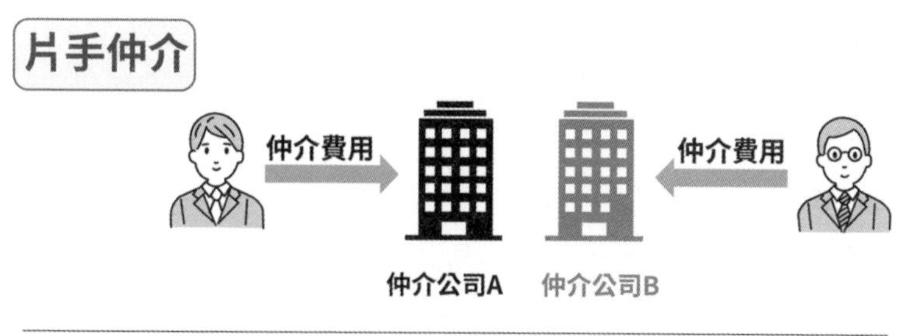

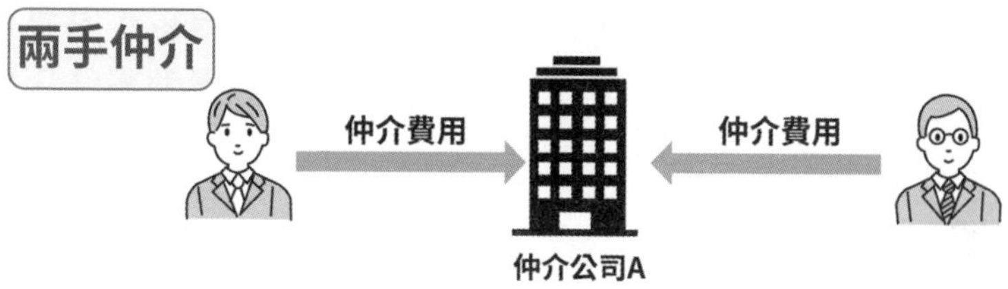

假設你的房屋，它的行情價是 3,000 萬日圓。如果你找仲介公司 A 幫你販售，而仲介公司 B 帶客戶來買，那麼仲介公司 A 就能向你（賣方）收取 105.6 萬日圓的仲介費用（<3,000 萬 x3%+6 萬 >x1.1），仲介公司 B 則是向買方收取同等的金額，這就稱之為「片手仲介」（類似台灣的「冒半泡」）。但如果買方也是仲介公司 A 自己找來的，則仲介公司 A 就能向雙方都收取 105.6 萬日圓，總共 211.2 萬日圓，這就稱之為「兩手仲介」（類似台灣的「冒全泡」）。

這時，若仲介公司 A 為黑心業者，他就會想盡辦法賺進雙邊的仲介費，不讓仲介公司 B 有介入的餘地。也因為他擁有你物件的獨賣權，你也無法再透過其他仲介販售，他就會使出「囲い込み（包圍）」戰術。

首先，當仲介公司 A 獲得你的獨賣權後，故意不將這個資訊流通出去，也不幫客人積極尋找買家。對，就是把物件「晾」在一旁不管它。而這種故意要晾在那邊不賣的目的，就是要讓屋主心急。讓屋主覺得為什麼自己的房子怎麼賣都賣不掉，也沒人來看。當然，屋主可能想都想不到是仲介在背後搞鬼（因為屋主會下意識地認為，如果仲介賣不掉，他也賺不到仲介費）。

等待時機成熟後，仲介公司 A 就會去「殺」屋主價格。告訴屋主說：「你 3,000 萬賣太貴囉，賣不掉喔，要降價才有人買喔」。屋主就這樣，把販售價格自願性地調降到 2,500 萬日圓。

行情為 3,000 萬日圓的物件，如果你賣 2,500 萬日圓，那這個物件將會變得非常容易銷售掉，因為低於行情。這時，仲介公司 A 將能很容易地自己找到買方，進行「兩手仲介」。也就是說，儘管降價之後，仲介公司 A 僅能跟屋主收取 89.1 萬日圓的仲介費（<2,500 萬 x3%+6 萬 >x1.1），但他卻也能從買方那裡收取相同的報酬，加起來就有 178.2 萬日圓，比起「片手仲介」照原價賣時的 105.6 萬日圓，足足多了 72.6

萬日圓。

但可憐的賣方大人你，卻永遠也無法得知，他殺了你的價錢，讓你虧了 500 萬，但他反而賺更多！這也是跟業者簽署有獨賣權合約的風險之一。

那，有沒有辦法杜絕仲介公司對你的「包圍」呢？其實有點困難。不過由於類似的情況太常發生了，因此現在日本主管機關規定，凡是業者將你的物件登錄到指定流通機關之後，必須要發給你一張「登錄證明書」。而這個證明書上面記載了一組帳號跟密碼，你就可利用這個帳號密碼，自行上去指定流通網，確認業者到底有沒有將你的物件登錄到流通網上。

● REINS TOWER：
http://www.reins.or.jp/

包圍成功後，串通買取再販業者

還記得前兩篇提到的「買取再販業者」嗎？

試想一下剛剛那個「包圍網」的故事：如果今天房仲公

司 A 所帶來的客戶，不是一般客戶，而是「買取再販業者」，那會怎麼樣？

就是你市價 3,000 萬日圓的房子，被買取再販業者以 2,500 萬日圓買走，然後買取再販業者再將你的房屋花個一、兩百萬日圓，整理地漂漂亮亮，再開價 3,800 萬日圓販售。如果買方又喜歡這間房屋，殺了一點價格，以 3,600 萬日圓的價位成交，那麼買取再販業者的利潤就高達 1000 萬日圓。這樣的故事，經常上演。因此即便你與你的房仲簽署的是「專任媒介契約」或「專屬專任媒介契約」，也應該自己多做功課、觀察市況，不要雙手一攤，所有的事都丟給房仲、而隨意聽信他所提供的建議，才有辦法合理判斷出你售屋時應該堅守的準則。

2-3

主要建商

～大建商蓋的房子比較好？建案也有分等級喔！

前兩篇，我們看了買賣中古屋的仲介，這一篇，我們就來看看購買新成屋時，日本有哪些大品牌的建商。

日本有哪些大建商

品牌的建立，在現代任何物品的銷售上都是很重要的一環。日本建商所蓋的房子就像車子一樣，都會有個品牌系列的名稱，尤其是「自稱」Major 7 的七大建商，其品牌的名稱更是一種精品的象徵！

如：住友的 City 系列、三井的 Park 系列、三菱地所的 The Parkhouse 系列、野村的 Proud 系列、東京建物的 Brillia 系列、東急不動產的 Branz 系列以及大京的 Lions Mansion ... 等。

● Major 7 七大建商綜合情報網：
https://www.major7.net/

每個品牌都有自己講究的地方跟拘泥，因此，在消費者心中，就建立了買大品牌就是好貨、且保證可以安心的形象。

Major 7 以外比較遜色？

跟上述的 Major 7 建商買房子，由於品牌悠久，的確比較讓人放心。但其實即便不是上述的七大建商，其實也不必太過於擔心。因為日本的建築法令很嚴格，房子的結構、品質都必須符合一定的標準。一旦蓋的房子沒有符合日本最新的建築基準法，是拿不到「建築確認」（建照）以及「検査済み証」（使用執照）的。

此外，根據 2009 年最新制定的住宅瑕疵擔保履行法，所有的新建案，建商都必須強制加入住宅瑕疵擔保責任險，因此就算建商倒閉，只要建物有瑕疵，都還是可以獲得一定的保障。因此，如果地點喜歡、房屋格局符合自己的需求，或許是否為 Major 7，不需要看得太重。

但不得不說，當你的房屋變成中古屋後，將來想要出售時，Major 7 的房屋會比起其他的品牌還要來得保值，且想購買的人會比較多、較容易賣掉。這就跟蘋果電腦以及 iPhone 手機比起其他品牌還要保值，二手機仍然交易活絡的道理是一樣的。

售後服務到位

日本人喜歡 Major 7 等大建商的品牌，還有一個原因，就是售後服務做得很好。房屋交屋後，建商不是就跟你說掰掰了，他們在你交屋後三個月、半年、一年、兩年 ..... 每隔一段時間就寫信來問你說：「房屋設備有沒有問題啊？需不需要派人檢修？」。如果有的話，你告訴建商，他們也會立刻安排人員來檢查跟修理。我之前曾經購買過某 Major 7 建商的房屋，就在入住第二年時，突然發現房間內的對外通風管會發出吱吱聲，可能是接管金屬部分鬆掉了。打電話給建商後，建商立刻派人來幫我把天花板部分拆開修復、壁紙重貼、回復原狀，期間完全不花一毛錢，也不推拖。許多日本人就是喜歡大建商的這種安心感。

品牌也有分等級

而其實這些 Major 7 的建商，自己不見得只擁有一個品牌，他們所興建的案子，會依等級又細分成好幾個不同的副牌，瞄準不同的客層。就像是 iPhone 這樣，有標準的機型，也有 iPhone mini、iPhone SE、iPhone Pro、iPhone Plus 等不同定位的產品。同一個建商，會有豪宅等級的案子、也會有一般住宅等級的案子、甚至也有郊區廉價宅的案子以及投資型小套房的案子。

例如三菱地所的高級品牌，就是「The Parkhouse」，再更上去一級，頂級住宅品牌的就命名為「The Parkhouse Gran」。而「The Parkhouse Urbans」則是蓋在都心，比起一搬家居房還要小、約 50 ㎡（15 坪）上下的都會小宅「compact mansion」。地點普普，做工平平的品牌就是「The Parkhouse Oikos」至於其獨棟透天的品牌，就叫「The Parkhouse STAGE」。

而野村不動產的高級品牌，系列名稱以「Proud」為名，如果是塔式住宅，就命名為「Proud Tower」，大規模的案子，就叫「Proud City」，至於獨棟透天，就叫做「Proud Season」。而即使同為野村所興建的房屋，低價位區域的房子就無法冠上「Proud」的名稱，而是命名「OHANA」。

同樣，住友不動產的最高等級為「Grand Hills」，比

「Grand Hills」檔次稍微低一點的「Garden Hills」。在這兩者之下的高級物件就冠上「City」之名。如果是塔式住宅，就命名為「City Tower」，大規模案子，就叫「City Terrace」，中規模的就稱「City House」，獨棟透天的品牌就叫「J-Urban」。

三井不動產的頂級住宅，又位於極精華地段的建案就取名為「Park Mansion」，高級物件則為「Park Court」，較一般等級的產品則為「Park homes」。大規模案則稱「Park City」，塔式住宅則是「Park Tower」，投資出租小套房則是「Park Luxe」，而獨棟透天的產品叫做「Fine Court」。

如果一個產品，地點不夠精華，產品不夠好，建商自己也不敢將這產品冠上頂級品牌之名，因為這個建案品牌名稱，背後代表的，就是社會大眾對於這個品牌價值的認同。換句話說，只要你看到建案的名稱為「Park Mansion」、「The Parkhouse Gran」的房屋，就可以連想都不用想，買下來就對了（當然前提是價位合理）。

另外其他有名的品牌，還有：東京建物的品牌為「Brillia」、東急不動產則為「Branz」，伊藤忠的「Crevia」、旭化成的「Atlas」、大京的「Lions Mansion」、大和ハウス的「Premist」、日鐵興和不動產的 Livio... 等。也就是說，你只要看到建案名稱，就大致上可以得知這是哪一間建商、哪一個等級、怎樣性質的產品。因此好的品牌，日後在中古市場價格也會比較保值。

此外，像是「東急ドエル・プレステージ（Dwell Prestige）」以及「大建ドムス（Domus）」等，雖這些品牌都是泡沫時代的品牌，但因為品牌形象以及資產價值優良，即便已經有了三、四十年屋齡的現代，仍是有許多忠實的粉絲，可謂是經典名宅「Vintage Mansion」。尤其是「ドムス」系列，更是當代頂級住宅的代名詞。

三井不動産	Park Mansion（パークマンション） Park Court（パークコート） Park homes（パークホームズ） Park City（パークシティ） Park Tower（パークタワー） Park Luxe（パークリュクス） Fine Court（ファインコート）
住友不動産	Grand Hills（グランドヒルズ） Garden Hills（ガーデンヒルズ） City Tower（シティタワー） City Terrace（シティテラス） City House（シティハウス） J-Urban（J・アーバン）
野村不動産	Proud（プラウド） Proud City（プラウドシティ） Proud Tower（プラウドタワー） Proud Season（プラウドシーズン） OHANA（オハナ） STATES（ステイツ）※ 舊品牌
三菱地所 レジデンス	The Parkhouse（ザ・パークハウス） The Parkhose Gran（ザ・パークハウスグラン） The Parkhouse Urbans（ザ・パークハウスアーバンス） The Parkhouse Oikos（ザ・パークハウスオイコス） The Parkhose STAGE（ザ・パークハウスステージ）
東京建物	Brillia（ブリリア）
東急不動産	Branz（ブランズ） Dwell（ドエル）※ 舊品牌
伊藤忠	Crevia（クレヴィア）
旭化成	Atlas（アトラス）
大京	Lions Mansion（ライオンズ・マンション）
大和ハウス	Premist（プレミスト）
日鉄興和不動産	Livio（リビオ）

Major 7 產品規劃就一定好？

雖然說要像是 Major 7 這樣的大建商才有財力跟能力可以蓋出大規模的建案，不過大規模的基地畢竟取得不易。有些大建商的案子，看似富麗堂皇、在都心、又有無敵夜景，不過附近環境卻欠佳、甚至生活機能也不是很方便。而且建商蓋屋就是為了賺錢，有些案子為了節省營建成本，會採取「オール電化」（全電化大樓），也就是沒有瓦斯管線，浴室採用電熱式衛浴，廚房也採取 IH 調理機能的設計。美其名說是為了預防瓦斯以及火源的使用不當，但說穿了，就是為了節省營建成本。尤其是超高層，多牽一條瓦斯管，耗費的建築費用就多了許多。因此只要是兩房以上的家庭房產品，我個人不建議「オール電化」（全電化）產品的大樓。

此外，不見得大建商規劃出來的產品格局就比較好。有些大型知名建案，房子正中間，梁、柱一大堆，格局也歪七扭八，導致家俱配置上非常不方便。但有時候小建商的案子雖然腹地小，但立處精華區域、產品規劃完善、格局配置良好，因此還是得針對個案詳細分析，挑選適合自己的理想屋。

除了「建商」以外，「營造商」也很重要

我們台灣講的「建商」，大多指的是負責產品開發、規劃及銷售的「開發商」，日文稱作「デベロッパー（Developer）」。而負責整棟大樓營造興建的「營造商」，日文則稱作「ゼネコン（General Contractor）」。日本業界中的營造商前五名，分別為「鹿島建設」、「大成建設」、「清水建設」、「大林組」以及「竹中工務店」。這前五名又被日本人譽為是「スーパーゼネコン（Super General Contractor）」，從房屋建設到公共工程、甚至是海外建設，都有這些營造商的身影。

一般來說，如果是這些前五大營造商與上述前幾大的建商（開發商）所合作的案子，大概都會在短期之內就熱銷一空，價格當然也不菲。因此，這樣的案子到了中古市場，價格下落的幅度也有限，甚至也很有可能將來會成為歷久不衰的名經典名宅「Vintage Mansion」。

2-4

管理公司

～代租代管？收租保證？小心龐氏騙局！

外國人在日本買房，無法親自處理房客事宜，也沒有辦法繳交管理費用以及固定資產稅等稅金。那怎麼辦呢？只好委託管理公司代管。而請管理公司代管物件，主要有兩種模式:「代租代管（集金代行）」以及「收租保證（Sub-Lease）」兩種。

何謂「代租代管」？

代租代管，日文為「集金代行」。這就是一般幫忙招租、管理收租的服務。若管理公司是日本在地的房仲業，那你就必須要擁有日本的帳戶，以便租金的匯入。但一般來說，台灣人都會與專做海外投資者的業者配合，除了語言暢通無阻外，專做海外投資者的業者亦可以直接將房租兌換成新台幣，匯至你台灣的指定戶頭，並且扣除海外匯款手續費（※ 註：匯款手續費為幾百元至千元新台幣不等，匯款次數多為三個月或半年一次，每個管理公司做法不同）。

當然，若你擁有日本的帳戶，亦可請管理公司直接將房租以日圓匯入你日本的指定帳戶。直接以新台幣匯至台灣的缺點，就是當下就得結匯。如果碰到日圓匯率不佳的時機，當下就得承受匯損。但若以日圓匯入日本帳戶，至少你會擁有結匯時間點的主控權，可以等待日圓匯率回升後再兌回新台幣。

「我買了日本的房子，那我可以用收租的理由在日本開銀行帳戶嗎？」

基本上不行。但有些較大型的管理公司與金融機構有配合，可為自己的客戶爭取在日本開設日圓帳戶。但如果你本身並無擁有日本的居留權（如留學簽證、工作簽證、永住簽證等），那也只能開設「非居住者帳戶（非居住者円預金口座）」，這種帳戶限制重重，無法使用 ATM 匯款、無法收匯款、亦無法使用網路銀行，僅有最陽春的現金存提款功能。

責任與收費

管理公司的業務除了代收房租以外，還包含代收社區管委會或稅務機關寄給屋主的信函、代繳水電瓦斯管理費以及各種稅金、幫忙物業招租以及代理房東與房客簽約事宜、房客若遲繳房租時幫忙催繳 ... 等。房客退租時，則是會協助或代理房東與房客交接、確認屋況、釐清室內損傷之責任歸屬。房客退租後，則是會協助或代理房東找尋廠商，施作房屋室內重新裝潢整修（原狀回復）。當然，這會先請廠商報價後，再徵求房東是否同意要施作以及具體想要施作的內容。

關於收費，一般的管理公司每個月收取的服務費，大約為房租的 5% ＋消費稅。例如房租若為 10 萬日圓，則管理公司的服務費就是每月 5,500 日圓。當然，空屋期間你是不會有任何收入的，因此管理公司這段期間並不會收取管理費用。

租約到期時，若房客續租（更新租約），則另外收取契約更新時的事務處理費用數萬日圓不等。若房客退租，需要招租新房客，則收取一個月的仲介手續費或廣告費。若房客居住期間設備毀損故障，為避免房客生活上的不便，在一定的金額（例如三萬日圓）內，管理公司會直接先行幫你處理，事後再向屋主請款。

至於買房後的不動產取得稅，多為先行預繳給管理公司，等稅單寄到後，管理公司再代為繳納。每年的固定資產稅及都市計劃稅（簡稱固都稅），許多公司的作法，是直接從租金扣除後，再將餘額匯款給房東。

「代租代管」的方式，管理公司就只是幫你「代為收租」而已，因此如果房客拖欠房租，代管公司沒有義務要替房客先行償還。至於「催繳房租」的責任，還是落在房東自己身上。由於日本房客受到「借地借家法」（※ 註：參考 4-3）的保護，因此也不可任意趕走未繳租金的房客。如果真的遇到了，就只能先寫存證信函（内容証明郵便），先行催告房客。如果房東人太好一直沒去催房租，任由房客拖欠，到時候房租越欠越多，房客就會因為金額過大而繳不出來，屆時可能就要上法院，等待法院判決強制執行房客搬遷了。這上述的一切，都不包含在「集金代行」的業務中。但有些管理公司會協助房東來處理這一類的問題，因此與管理公司簽約前，務必問清楚他們的服務範圍。

如何找個好房客

房客害怕遇到惡房東，房東也很怕遇到惡房客。例如房客衛生習慣糟糕、於房屋內從事不法生意、蓄意搞破壞、拖欠房租、租約到期霸佔房屋不搬遷 ... 等。上述的問題只要遇到其中一個，就足以搞到你抓狂，尤其你又是外國人，人又不在日本！

就有如上述提到，日本的房客受到「借地借家法」的重重保護，一旦你與房客簽訂了租賃契約，就很難將他趕走，因此事前的「審查」就顯得相當重要。

一般來說，管理公司接到租客想要申請入住時，會先請租客提供住民票、印鑑證明、駕照、保險證或護照等「身份證明文件」，以及在職證明書、源泉徵收票等「收入證明文件」，有些還會請房客提供銀行存摺餘額等「財力證明文件」。為的就是要旁敲側擊，確認這位租客是否為值得信賴的人物、會不會欠繳房租搞破壞。

在審核上，租金必須是房客月收入的 1/3 以下，因此如果房客的月薪只有 25 萬日圓，那麼他大概就只能租到 8 萬日圓出頭的物件。若他想租 10 萬日圓的物件，會有很高的機率審核過不了。因此，被認為是沒穩定工作的留學生、隨時可以落跑的外國人、特種行業的小姐以及男公關、以及不知道會不會哪一天就死在房屋裡面的老年人，這些人在租房的審核上都比較容易被管理公司刷下來。當然，要不要租給這個房客的最終決定權在房東身上，管理公司也只是輔助而已，最終的責任還是落在房東身上。因此想跨海當房東，也必須了解一下當地各種職業的收入水準、培養一些觀察房客的眼光。

何謂「收租保證」？

除了「代租代管」以外，日本有些大型的管理公司還提供所謂的「收租保證」（Sub-Lease）服務。

有別於上述的「代租代管」，「收租保證」這種方式，是管理公司（或轉租公司）直接將你的物件租起來，並且再轉租給其他的租客。自然，你也不會知道租客是誰、也不會知道現在房子是不是空著、也不會有審核房客的問題。相對的，租客也不會知道真正的屋主是誰。

「收租保證」最大的好處，就是你不用擔心空屋期，因為這種方式就等於是你跟管理公司簽租約，你是租給管理公司的，也就是管理公司當二房東的意思。就算房屋空在那裡大半年都租不出去，管理公司還是得付你租金。

「哇！天底下有這麼好的事？公司還保證你收租喔！」

當然沒有，賠錢的生意當然沒人做。管理公司如果跟你簽的是這種契約，那麼只會支付你每個月大概市場行情的 80% ～ 90% 的租金而已，而且還不是每個物件，都有人願意跟你簽這種契約。基本上也要你自己的物件條件夠好，又或者是他們關係企業銷售的建案，才會跟你簽這種收租保證的契約。

另外，由於這種「收租保證」的模式，你的房客等於就是管理公司，依照日本現行稅法，我們外國人租房子給公司法人時，租金會先被預扣 20.42% 的「源泉徵收」（※ 註：參考 5-4），也就是實際上進你戶頭的現金，要再少兩成。必須等到確定申告（報稅）時，再另行申請退稅。

雖然「收租保證」這種方式，看似很安定、有如定存、又不受租客打擾，但是管理公司多半會保留一定的期間來調降你租金的權力。因此這種「收租保證」方式也成為了黑心建商割韭菜，「高價賣你房屋、後續回租」的常套手段之一。關於這個問題，我們下面就來講個幾年前實際發生的「南瓜馬車」事件！

南瓜馬車的龐氏騙局

Smart-Days 這間不動產公司，是近幾年急速成長的一間專蓋女性專用 Share house，再販售給個人投資者的公司。他們的物件名稱就取名為：「かぼちゃの馬車」（譯名：南瓜馬車），後面，我就簡稱它為「馬車公司」。馬車公司

2012 年設立之初，資本額僅有 300 萬日圓。可短短沒幾年，在 2017 年 3 月時就已經成長到了營業額 316 億日圓的大企業。他們主要的營業項目，並不是只有單純的轉租、收租保證而已。他們也等於是建商。他們的經營模式就是：「自己蓋 Share House，賣給客人後，再將其回租回來做包租」。就是因為這樣看似安穩的收租模式，讓他們在短短幾年內，累積販賣的物件數量就高達了 800 棟（1 萬間房）。

假設一個物件，市價是 7,000 萬日圓，那麼，馬車公司就將這個物件賣 1 億日圓給他的客戶。也就是每賣一個物件，馬車公司就可以暴賺 3,000 萬日圓。疑？客人是白痴嗎？為什麼要買呢？

想要賣高價，最簡單的方式，就是「操作租金與投報率」（※ 註：參考 5-1）。假設 Share House 一個房間原本可以租到 4 萬日圓，一個物件有 10 間房間，那麼一個月的租金就是 40 萬日圓。對比房屋原本行情的 7,000 萬日圓，表面投報率就是 6.85%（40 萬 ×12 個月 ÷ 房價 7000 萬）。

若馬車公司想把這個物件以高價 1 億日圓來賣給客人，那麼以 4 萬日圓的租金來計算，表面投報率就會只剩 4.8%（40 萬 ×12 個月 ÷ 房價 1 億）。這個數字看起來會非常沒有吸引力，客人看了就不會想買。

那…怎麼維持光鮮亮麗的高投報呢？簡單啊！馬車公司把它們賣掉的房子回租回來，一間房間以一個月 6 萬日圓的租金來向買的人承租。這樣一個月的租金就會高達 60 萬日圓了。若以物件價格 1 億日圓來回推，這樣的租金，其投報率就可以維持在 7.2%（60 萬 ×12 個月 ÷ 房價 1 億）。而且馬車公司還給房東們保證租金喔，即使空房，都繼續每間給你 6 萬日圓的租金喔！

用新客人，養舊客人

聰明的台灣朋友們，應該已經看出事情的端倪了。對，這就是龐氏騙局！市場上只能租到 4 萬的房，馬車公司怎麼有辦法用 6 萬來向房東保證承租，自己還倒賠 2 萬呢？然後物件還有空屋喔！這些空屋，馬車公司一樣要支付 6 萬日圓的房租給房東。這筆差額的錢哪裡來？羊毛出在羊身上。別忘了，他們賣掉一間房子，就先賺了你 3,000 萬日圓了。錢，除了從這 3,000 萬日圓慢慢還給你以外，他們每個月還是賣掉了 10 幾棟房屋，每個月穩定獲利 3 ～ 5 億日圓。錢，就是從這些後來的客戶身上賺來的。

而這些投資者，之所以會笨到用 1 億日圓去買下市價只有 7,000 萬日圓的房屋，就是因為被馬車公司所虛構出來的「高投報」以及「保證租金」所騙。而且，馬車公司與駿河銀行配合，物件全額貸款給房東一億日圓。貸款時，馬車公司的業務人員為了賣房，還刻意篡改房東所提出的存款證明以及納稅證明。也就是說，銀行端完全沒有做到應該有的把關，確實審核物件實際價值以及房東的資產與收入，隨意放貸。

成也銀行，敗也銀行

這樣的生意模式之所以成立，完全建立在「馬車公司可以持續找到新的客戶」、以及「駿河銀行持續亂放貸」之上。然而，虛構的空中樓閣總會有坍塌的一天。駿河銀行似乎發現了苗頭不對，於 2017 年 10 月起，停止了對馬車公司新客戶的融資。銀行縮緊了銀根，自然而然，馬車公司一間房屋也賣不出去。沒有後來的老鼠可以繼續給前面的老鼠分食，當然，馬車公司就再也付不出保證的租金給房東們了。

2018 年 1 月 17 日，馬車公司發出了聲明，完全停止支付租金給屋主，此時，受害的屋主已高達 700 人、受害金額高達 1,000 億日圓之多；2018 年 5 月 15 日，馬車公司宣告破產。接下來，這些屋主所要面臨的，就是「每個月必須還款上百萬日圓以上的房貸，但卻沒有任何房租收入」的地獄局面。據說還有屋主因此選擇了輕生，結束了自己的生命...。

2-5

購屋流程

～從出價斡旋到交屋付款的幾件事

外國人想在日本置產，並沒有什麼特別的限制條件。頂多會要求你簽下與黑道、洗錢等無關的文件，否則賠償房價80% 之類的條款而已。至於要走怎樣的程序，倒也不用太擔心。因為現在台灣有許多經驗豐富，專做日本房屋的仲介以及代銷日本新屋的業者。舉凡購買、招租、管理、出售，幾乎就跟你在國內買房一樣容易。若有銀行貸款，則會多一些流程。

第一步：出價斡旋

01. 首先，你看中意的房子，必須先填一份「申込書（意願書／申購書）」來表明你的購買意願，並保留你的出價順位。這個階段尚不需支付任何費用。雖然有所謂的「申込証拠金（類似斡旋金）」，但其實在日本這筆錢沒什麼實質的意義。因為只要斡旋不成，建商或者是房仲必須立刻返還，因此實務上多傾向不收此筆費用。

02. 接下來，如果價位談妥了，賣方願意賣，買方也願意買，這時房仲或建商就會先安排「重要事項說明」，由合格的「宅地建物取引士（不動產經紀人）」來說明物件詳細。如：產權、屋況、契約內容、修繕計畫、以及此建築物所在地的都市計畫法、建築基準法等相關細節。

由於製作重要事項說明書，仲介人員需要到法務局、市公所、以及稅務機關等多處調閱相關資料，因此從「買賣談妥」到「重要事項說明」，可能會相隔兩、三個星期以上，這都很正常。反而是談妥隔天就要你簽約的業者，消費者反倒更要留意。至於如何確認與您合作的房仲業者是否為合法業者的方式，請見「2-1　宅建業者」一文。

簽約之前，所有的事情都不算數。你聽完重要事項說明之後也可以反悔不買，屋主也可以突然反悔不賣，只不過真的這樣做，雙方氣氛會搞得非常僵，因此務必一切思考清楚後再出價斡旋，切勿兒戲。

03. 殺價要在填寫意願書之前，先請房仲幫你探口風，或者詢問建商的業務人員。當然也可以於填寫意願書時，就直接填入你希望的購買價格。但切記千萬別亂殺價，出價要有依據，要合理。像是台灣那種一次砍三成的殺價方式，只會惹怒賣方，拒絕與你交易。如果屋主真的急著要錢，你想「趁他病要他命」，其實屋主只要找「買取再販」業者來買，就可立即「轉現金」，不需要賣給一個不確定性極高的外國人。因此這種低於市場行情的好康，多半輪不到一般末端消費者。

第二步：重要事項說明與簽約

04. 接下來就是簽約。簽約之前，房仲業者或者建商會先安排合格的「宅建士」為你說明關於此房屋的重要事項。「簽約」一定是在「重要事項說明」之後。因為我們台灣朋友是特地飛來日本簽約，因此房仲業者或建商多半會把「重要事項說明」跟「簽約」安排在同一天。不過一定是「先重說」「再簽約」的順序。

05. 簽完約當下，就要交付訂金「手付金（てつけきん）」給賣方或建商。有些是 10 萬、有些是成交價的 10%，看各個建商的情況。若金額不大，多半是簽約當下直接收授現金；若金額較大，則多會在簽完約後，請買方至附近銀行匯款，而賣方跟仲介則是在會議桌上閒話家常等入帳。因此簽約日以及簽約時間多半會訂在銀行還有營業的時間。

在繳完訂金（手付金）之後，於一定的期限內，買方依然可以反悔不買，只不過就會沒收訂金。賣方也可以反悔不賣，只不過除了必須返還訂金外，賣方還必須賠償一倍的訂金，這點跟台灣一樣。唯有一點不太一樣的是，一旦過了合約上寫的「手付解除の期限」後，若買方反悔不買，可就不是賠訂金了事而已，賣方是可以向買方索取損害賠償的。金額可能高達房價的 20%，詳細請於簽約時確認。

第三步：貸款融資

06. 簽約後，若需要融資，就是這個階段開始進行貸款審核。目前有些銀行會提供「事前」審查的作業，讓你在簽約前，先幫你鑑價，以避免簽約後貸款下不來，買方只得面臨違約的窘境。因此建議簽約前，就事先找好銀行。此外，若賣方願意，雙方亦可於簽約時加註「融資利用特約」，表明「若銀行房貸下不來，則可解除契約」。

07. 關於貸款，大家最想問的問題，就屬「能不能找日本的銀行貸款」了。如果你在日本有穩定的工作，目前有些銀行有承作這樣的房貸（請自行洽詢銀行）。不過如果你在日本沒工作，是台灣的上班族，那就無法找日本的銀行貸款，只能找在日本有分行的台灣本土銀行。

第四步：準備登記文件

08. 日本買屋登記時，需要台灣的「戶籍謄本」跟「印鑑證明」。於台灣戶政機關申請正本後，再翻譯為日文，交給司法書士即可。有些房仲公司或司法書士會提供客戶翻譯的服務，請自行洽詢。

第五步：清算尾款與交屋

09. 接下來，就等銀行貸款核准下來，銀行會將款項匯給賣方或建商。爾後房仲公司或建商就會為你製作剩餘房屋款項以及公租公課等一些稅金清算後的金額明細表。這些款項必須在預定的交屋日（決済日）當天結清。

10. 交屋前，再把戶籍謄本及印鑑證明等文件交由房仲或建商配合的司法書士，他們會幫你拿去做產權登記。有貸款的話，銀行這裡的司法書士也會拿去設定抵押權。若有貸款，銀行還會強制房屋必須加入火險以及地震險，以免房子若因為地震震垮或者火災燒毀，銀行求償無門。當然，這些司法書士登記的費用以及保險費用必須由買方支付。

11. 交屋當天，司法書士就會開始進行所有權登記的流程。這點跟台灣有點不一樣，台灣都先登記完，才交屋。一般來說，司法書士當日就會去法務局登記，但登記謄本需要兩到三周才會下來。屆時看是你要去找司法書士親取，或是請他郵寄至台灣地址給你皆可。

12. 交屋當天即可拿到房屋的鑰匙。這時，你就已經是房屋主人了。敲定入住日期後，記得提早通知瓦斯、電力、以及水公司來開通（網路上就可申請）。若你是當房東收租，就從交屋日（決済）起，房租收入就歸屬於你。

第六步：相關費用及稅金

13. 別忘記每個月繳房貸以及管理費用和修繕費用。有些建商以及管理業者，可以帶你去配合的銀行開「非居住者日圓帳戶」，可從這個帳戶裡面扣繳管理費用等。但這個帳戶無法收到匯款，因此你如果把房子租出去，也無法用這個帳戶來收房租，這時就得透過代租代管公司了。

14. 再過幾個月，不動產取得稅的單子就會寄來。拿去便利商店或郵局即可繳費。每年還會有固定資產稅跟都市計畫稅需要繳納。怕忘記？沒關係，你的房仲或日本朋友可以當你的納稅管理人，可於不動產完成登記後，再前往不動產所在地的都稅事務所（東京都）、縣稅事務所（其他縣市）等稅務機關填寫資料，提出選任納稅管理人的申請即可。

2-6

房屋貸款

～能貸多少錢？還款方式？利率如何？一次報你知！

日本因為低利率政策，自住屋的房屋貸款利率僅有 0.3% ～ 0.9%，且貸款成數近乎全額貸，看得許多台灣人心癢癢。但如果你沒有日本的永久居留權（永住権），即便你在日本工作，也僅有少數幾間日本銀行願意承作外國人的放貸業務。更何況如果你還是一個在台灣工作，與日本完全不相干的外國人，更沒有日本銀行願意貸款給你了。

而我們台灣人，若想要在日本貸款購屋，就必須找台灣在日本有分行的銀行。例如：台灣銀行、中國信託（東京之星）、第一銀行、彰化銀行以及兆豐銀行等，但利率自然不像日本本國的自住房貸那麼低，自備款也可能要高達三成以上。詳細的貸款流程與規定，請自行洽詢各銀行。這一篇，我們就來看看貸款有哪些細節要留意。

兩種還款方式

還款的方式，分成「元金均等（本金平均攤還）」與「元利均等（本息平均攤還）」兩種。

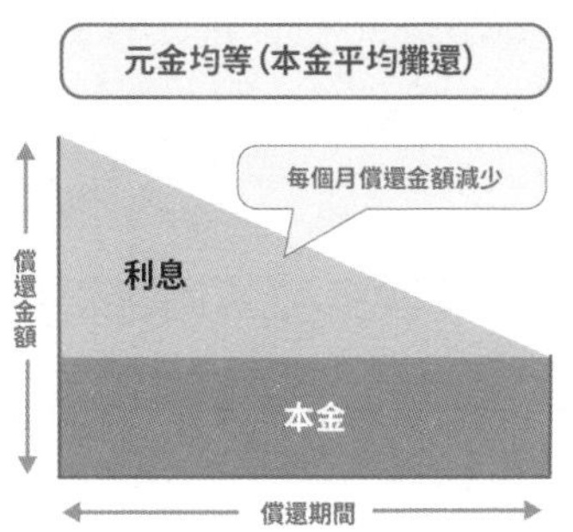

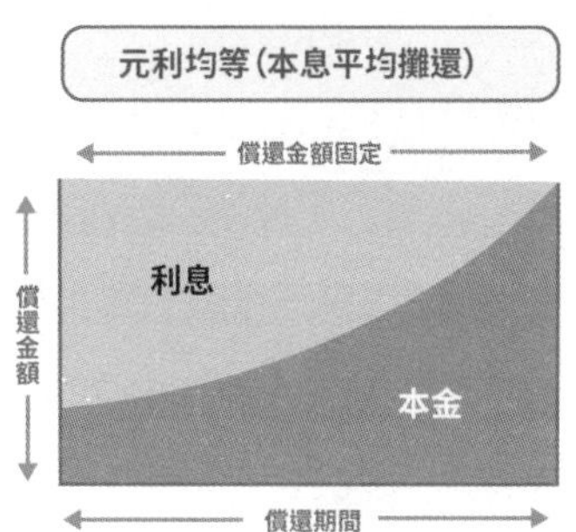

「元金均等」就是每個月償還「固定金額的本金」＋「越來越少的利息」的還款方式。因此每個月要繳的貸款數字都不一定。由於每個月都會償還到固定金額的本金，所以會隨著本金部分越減越少，利息部分也會越來越少。這種方式的好處，就是一開始就以一定的速度在還本金，才不會說錢都繳到利息去了。但壞處就是理財規劃比較不容易，因為每個月的期付金是變動的。

而「元利均等」方式，則為「每個月還款的本金＋利息」都是一定的金額。這種方式的好處就是便於個人的理財規劃，因為每個月的還款數字都一樣。

但元利均等的還款方式，在貸款的最初幾年，你繳掉的房貸期付金，有很大的一部份都是在繳利息，真正償還到本金的部分比較少，所以會導致整體上利息繳得比較多。換句話說，就是總體上，這種還款方式將要繳掉的利息會比較多。也就是「元金均等」會比「元利均等」划算。

以貸款金額 3,000 萬日圓、利率 3% 固定利率、期間 35 年為例，只要使用貸款 APP（或各銀行網站上的房貸模擬器）計算，就可得知「元金均等」所繳掉的總利息為 15,787,419 日圓；「元利均等」所繳掉的總利息為 18,490,768 日圓。兩者相差 2,703,349 日圓（約 270 萬日圓）。

●上述使用「住宅保証機構株式会社」之線上房貸模擬器計算：
https://loan.mamoris.jp/

不過有部分的銀行並不接受「元金均等」的還款方式，申貸前務必詳細問清。

大額還款

大部份的銀行會規定，若欲提前大額還款（日文為「繰上げ返済」），會扣除一定比例的手續費。此外，也有些銀行會規定多久之內不能清償全額，若將貸款一次還清，會產生可觀的違約金。因為這些銀行都是台灣在東京的分行，因此行員很多都是台灣人，會講中文，貸款時，一定要詳細地問清楚關於提前還款等事宜。

從每月還款金額回推購屋總價

購屋前，若你不清楚你的還款能力可以購買到多少錢的房屋，不妨可以利用金融機構所提供的「還款一覽表（返済早見表）」，試著從每月的還款金額來回推。

還款一覽表（本息平均攤還、月付）

1,000,000円	18 年	19 年	20 年	21 年	22 年	23 年	24 年	25 年	26 年	27 年	28 年	29 年	30 年	31 年	32 年	33 年	34 年	35 年
1.00%	5,061	4,818	4,599	4,401	4,221	4,057	3,907	3,769	3,641	3,523	3,414	3,312	3,216	3,127	3,044	2,966	2,892	2,823
1.10%	5,105	4,862	4,644	4,446	4,266	4,102	3,952	3,814	3,687	3,569	3,459	3,358	3,263	3,174	3,091	3,012	2,939	2,870
1.20%	5,150	4,907	4,689	4,491	4,312	4,148	3,998	3,860	3,733	3,615	3,506	3,404	3,309	3,220	3,137	3,059	2,986	2,917
1.30%	5,195	4,952	4,734	4,537	4,357	4,194	4,044	3,906	3,779	3,661	3,552	3,451	3,356	3,268	3,185	3,107	3,034	2,965
1.40%	5,240	4,998	4,780	4,582	4,403	4,240	4,090	3,953	3,826	3,708	3,599	3,498	3,403	3,315	3,232	3,155	3,082	3,013
1.50%	5,286	5,043	4,825	4,628	4,450	4,286	4,137	3,999	3,873	3,755	3,647	3,546	3,451	3,363	3,281	3,203	3,130	3,062
1.60%	5,331	5,089	4,872	4,675	4,496	4,333	4,184	4,047	3,920	3,803	3,694	3,593	3,499	3,411	3,329	3,252	3,179	3,111
1.70%	5,377	5,135	4,918	4,721	4,543	4,380	4,231	4,094	3,968	3,851	3,743	3,642	3,548	3,460	3,378	3,301	3,229	3,161
1.80%	5,424	5,182	4,965	4,768	4,590	4,427	4,279	4,142	4,016	3,899	3,791	3,691	3,597	3,510	3,428	3,351	3,279	3,211
1.90%	5,470	5,229	5,012	4,816	4,637	4,475	4,327	4,190	4,064	3,948	3,840	3,740	3,646	3,559	3,478	3,401	3,329	3,262
2.00%	5,517	5,276	5,059	4,863	4,685	4,523	4,375	4,239	4,113	3,997	3,889	3,789	3,696	3,609	3,528	3,452	3,380	3,313
2.10%	5,564	5,323	5,106	4,911	4,733	4,571	4,423	4,287	4,162	4,046	3,939	3,839	3,746	3,660	3,579	3,503	3,431	3,364
2.20%	5,611	5,370	5,154	4,959	4,782	4,620	4,472	4,337	4,212	4,096	3,989	3,890	3,797	3,711	3,630	3,554	3,483	3,416
2.30%	5,658	5,418	5,202	5,007	4,830	4,669	4,522	4,386	4,261	4,146	4,039	3,940	3,848	3,762	3,681	3,606	3,535	3,469
2.40%	5,706	5,466	5,250	5,056	4,879	4,718	4,571	4,436	4,312	4,197	4,090	3,991	3,899	3,814	3,733	3,658	3,588	3,522
2.50%	5,754	5,514	5,299	5,105	4,928	4,768	4,621	4,486	4,362	4,247	4,141	4,043	3,951	3,866	3,786	3,711	3,641	3,575
2.60%	5,802	5,563	5,348	5,154	4,978	4,818	4,671	4,537	4,413	4,299	4,193	4,095	4,003	3,918	3,839	3,764	3,694	3,629
2.70%	5,851	5,612	5,397	5,203	5,028	4,868	4,722	4,588	4,464	4,350	4,245	4,147	4,056	3,971	3,892	3,818	3,748	3,683
2.80%	5,899	5,661	5,446	5,253	5,078	4,918	4,772	4,639	4,516	4,402	4,297	4,200	4,109	4,024	3,946	3,872	3,803	3,738
2.90%	5,948	5,710	5,496	5,303	5,128	4,969	4,824	4,690	4,568	4,454	4,350	4,253	4,162	4,078	4,000	3,926	3,857	3,793
3.00%	5,997	5,759	5,546	5,353	5,179	5,020	4,875	4,742	4,620	4,507	4,403	4,306	4,216	4,132	4,054	3,981	3,913	3,849
3.10%	6,047	5,809	5,596	5,404	5,230	5,072	4,927	4,794	4,672	4,560	4,456	4,360	4,270	4,187	4,109	4,036	3,968	3,905
3.20%	6,096	5,859	5,647	5,455	5,281	5,123	4,979	4,847	4,725	4,613	4,510	4,414	4,325	4,242	4,164	4,092	4,024	3,961
3.30%	6,146	5,910	5,697	5,506	5,333	5,175	5,031	4,900	4,779	4,667	4,564	4,468	4,380	4,297	4,220	4,148	4,081	4,018
3.40%	6,196	5,960	5,748	5,557	5,385	5,228	5,084	4,953	4,832	4,721	4,618	4,523	4,435	4,353	4,276	4,205	4,138	4,075
3.50%	6,247	6,011	5,800	5,609	5,437	5,280	5,137	5,006	4,886	4,775	4,673	4,578	4,490	4,409	4,333	4,262	4,195	4,133
3.60%	6,297	6,062	5,851	5,661	5,489	5,333	5,190	5,060	4,940	4,830	4,728	4,634	4,546	4,465	4,389	4,319	4,253	4,191
3.70%	6,348	6,113	5,903	5,713	5,542	5,386	5,244	5,114	4,995	4,885	4,784	4,690	4,603	4,522	4,447	4,377	4,311	4,250
3.80%	6,399	6,165	5,955	5,766	5,595	5,440	5,298	5,169	5,050	4,940	4,839	4,746	4,660	4,579	4,504	4,435	4,370	4,309
3.90%	6,450	6,217	6,007	5,819	5,648	5,493	5,352	5,223	5,105	4,996	4,896	4,803	4,717	4,637	4,562	4,493	4,428	4,368
4.00%	6,502	6,269	6,060	5,872	5,702	5,548	5,407	5,278	5,160	5,052	4,952	4,860	4,774	4,695	4,621	4,552	4,488	4,428
4.10%	6,554	6,321	6,113	5,925	5,756	5,602	5,462	5,334	5,216	5,108	5,009	4,917	4,832	4,753	4,680	4,611	4,547	4,488
4.20%	6,606	6,374	6,166	5,979	5,810	5,657	5,517	5,389	5,273	5,165	5,066	4,975	4,890	4,812	4,739	4,671	4,608	4,549
4.30%	6,658	6,426	6,219	6,033	5,864	5,711	5,572	5,445	5,329	5,222	5,124	5,033	4,949	4,871	4,798	4,731	4,668	4,609
4.40%	6,711	6,479	6,273	6,087	5,919	5,767	5,628	5,502	5,386	5,280	5,182	5,091	5,008	4,930	4,858	4,791	4,729	4,671
4.50%	6,763	6,533	6,326	6,141	5,974	5,822	5,684	5,558	5,443	5,337	5,240	5,150	5,067	4,990	4,918	4,852	4,790	4,733
4.60%	6,816	6,586	6,381	6,196	6,029	5,878	5,741	5,615	5,500	5,395	5,298	5,209	5,126	5,050	4,979	4,913	4,852	4,795
4.70%	6,869	6,640	6,435	6,251	6,085	5,934	5,797	5,672	5,558	5,454	5,357	5,268	5,186	5,110	5,040	4,975	4,914	4,857
4.80%	6,923	6,694	6,490	6,306	6,140	5,990	5,854	5,730	5,616	5,512	5,416	5,328	5,247	5,171	5,101	5,037	4,976	4,920
4.90%	6,976	6,748	6,544	6,361	6,196	6,047	5,911	5,788	5,675	5,571	5,476	5,388	5,307	5,232	5,163	5,099	5,039	4,983
5.00%	7,030	6,803	6,600	6,417	6,253	6,104	5,969	5,846	5,733	5,630	5,536	5,449	5,368	5,294	5,225	5,161	5,102	5,047

假設你貸款20年、房貸利率為2%，並使用最常見的「元利均等（本息平均攤還）」方式還款，那麼找尋一下表格就可得知，依上述的條件，你「每借 100 萬日圓，一個月就必須償還本金加利息共 5,059 日圓」。

Case 1：

若你每個月的房貸償還能力為 15 萬日圓，就是可以貸款 29.65 百萬（150,000÷5,059），也就是 2,965 萬日圓。

假設自備款為三成，那麼在可貸到 2,965 萬日圓的情況下，就是可以購買總價 4,235 萬日圓（2965 萬 ÷0.7 <貸款七成>）的房屋，自備款為 1,270 萬日圓。

Case 2：

若你能力更強，每個月可償還的金額為 20 萬日圓，就是可以貸款到 39.53 百萬（200,000÷5,059），也就是 3,953 萬日圓。

假設自備款為兩成，那麼在可貸到 3,953 萬日圓的情況下，就是可以購買總價 4,941 萬日圓（3,953 萬 ÷0.8 <貸款八

成>）的房屋，自備款為 988 萬日圓。

以此類推。

日本上班族能貸到多少錢？

接下來，這邊說明一下日本銀行放貸給一般日本上班族時的計算公式。

「疑？我又不在日本上班，我又不能跟日本銀行貸款，那日本上班族能貸到多少錢，到底與我何干呢？」

其實有非常大的關係！要知道，日本人能貸到多少錢，就意味著將來你的房屋想賣的時候，能夠出貨給怎樣客層的人。同時，日本人能貸到多少錢，也與房價能漲到哪個程度息息相關。

一般來說，日本人可以貸到的房貸金額，多半是年收入的 6 ～ 8 倍左右。但近年來，由於量化寬鬆、利率走低，因此銀行也提高了不少放款額度，條件好的客戶及房產，甚至可以借到高達年收入的 10 倍左右。也就是一名年收約 600 萬日圓的人士，以前可以借到約 3,600 萬日圓（600 萬 ×6

倍），現在則是可以借到約 6,000 萬日圓（600 萬 ×10 倍），購買力著實放大了不少。

但上述的計算方法，只是一個概算而已。究竟能貸到多少錢，銀行會從還款期間、還款比率、當時的「審查利率」等方面來進行評估。

所謂的「審查利率」，與「實際的放款利率」並不同。實際的放款利率可能只有 0.5%，但銀行為了防止往後升息導致客戶還不出錢的風險，審查房貸時，會刻意從嚴，使用較高的利率來計算，這就稱作是「審查利率」。一般銀行的審查利率會抓個大概 3% ～ 4%，但如果是使用住宅金融機構所提供的固定利率 Flat 35，則大約會以 1.3% 來作為審查利率。

假設此人年收 600 萬日圓、還款期限 35 年、還款比例壓在收入的 35%、審查金利為 1.3%，則計算方式如下：

Step 1：600 萬 ×35% 的還款比例＝ 210 萬
也就是說，一個年收 600 萬的人，
他一年的償還能力為 210 萬。

Step 2：210 萬 ÷12 個月＝ 17.5 萬
年收 600 萬（月收 50 萬的人），
一個月的償還能力為 17.5 萬。

Step 3：若審查利率為 1.3%，還款期限為 35 年，
那麼查看上面的「還款一覽表（返済早見表）」
就可以得知，每 100 萬日圓每月所必須償還的本利
和為 2,965 日圓。

Step 4：每月還款能力 175,000÷ 每百萬日圓每月本利和
2,965 ＝ 59.02 百萬
59.02 百萬＝ 5,902 萬

●統整 Step 1 ～ Step 4 的快速計算公式：

600 萬 ×35%÷12 個月 ÷2,965（一覽表數字）×100 萬＝ 5,902 萬

藉由上述的步驟試算後，我們就可得知，銀行願意放款給此人的金額，最高為 5,902 萬日圓。將近年收入的 10 倍，但未滿。

也就是說，在現在幾乎可以全額貸的情況之下，年收入 600 萬日圓的人，可以買到 5,902 萬日圓的房子。

港區房價兩億並不貴

東京都千代田區的居民，平均年收為 1,000 萬日圓左右，港區居民的平均年收更是高達 1,200 萬日圓左右。但這個數字只是平均值，其中也不乏年收 2 ～ 3,000 萬日圓的高所得層。若以一個年收入為 2,000 萬日圓的人士來計算，他所能購買房屋的總價就高達 1 億 9,673 萬日圓。

2,000 萬 ×35%÷12 個 月 ÷2,965（ 一 覽 表 數 字 ）×100 萬＝ 1 億 9,673 萬日圓

從這個數字我們就可得知，開價將近兩億日圓的房屋，在港區絕對不是賣不掉的天價。建商的新建案開這個價位，應該還算是去化得了的價位。重點還是這個產品的檔次，究竟這個年收 2,000 萬日圓的人看不看得上它。

藉由「房貸可以貸到多少錢」的觀點，可以推算出某一區域的某一所得層能夠負擔的房價上限。透過這個角度觀察，也比較能夠描繪出當你房屋想要出售時，所面向的潛在買方

是誰。同時，也能推估房價是否漲到頂了，或還有多少的上漲空間。

2-7

室內面積

～內法還是壁芯，稅金差很大！

台灣買房時，建商會把公設灌進房屋權狀面積裡，以致於即便你買了 50 坪的房子，但實際上的室內使用空間卻可能只有 30 坪不到。日本購屋並沒有這樣的情況，你所購買到的，就是實際的室內居住空間，公設不另外計價。但日本計算室內空間的方式有兩種，分別為「內法面積」與「壁芯面積」。

內法面積與壁芯面積

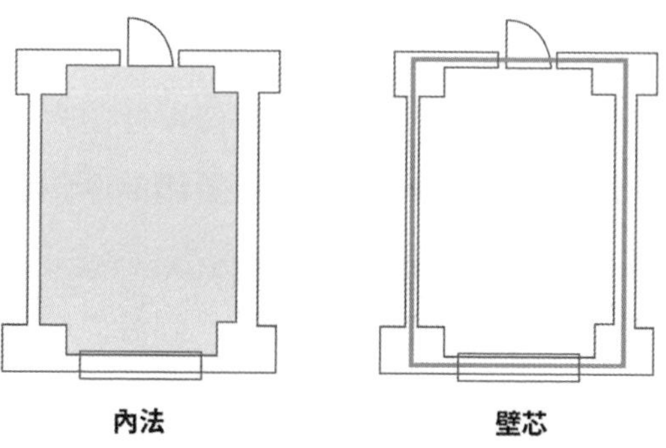

所謂的「內法（うちのり）面積」，指的就是「從牆壁內側量出來，也就是手摸得到的，生活上實際使用的面積」。至於「壁芯（へきしん／かべしん）面積」，指的就是「從室內柱子的中心線，以及與隔壁鄰居之間隔牆的中心線所量繪出來的面積」。這兩種不同的測量方法，有時會相差有5%～8%之多。

一般來說，房屋權狀（登記簿謄本）上所標示的，是比較實際的「內法面積」。而房仲或建商在售屋時，則是會採取數字看起來比較大的「壁芯面積」。我之前曾經買過一間房屋，當初購買時，建商廣告主打面積有 144.43 ㎡（約 43.7 坪），但實際登記謄本上的面積就只有 135.13 ㎡（約 40.8 坪）而已，兩者相差了 9.3 ㎡（約 3 坪）。因此當你拿到謄本後，也別驚訝地說：「為什麼我買的房子縮水了」！

節稅，看內法面積

內法面積與壁芯面積的問題，看似沒什麼大不了，但其實暗藏著稅制上的陷阱。在日本，有所謂的「住宅ローン控除（住宅貸款控除）」制度。購屋者房屋貸款餘額的 0.7%，可以控除當年度的所得稅以及住民稅。假設你的貸款餘額為 4,000 萬日圓，那麼你每年的所得稅以及住民稅，最多可以省下 28 萬日圓。對於某些所得層的人而言，幾乎都可以不用繳稅了。

而這個制度，規定房屋大小必須要是 50 ㎡（年所得 1,000 萬日圓以下的人放寬至 40 ㎡）以上的住宅，才可以享有這樣的稅制優惠。當然，這裡指的 50 ㎡，指的就是登記簿謄本上的「內法面積」。也就是說，如果你今天買了一間「壁芯面積」為「51.68 ㎡（壁芯）」的房子，那麼你的謄本上登記的「內法面積」，就可能只有 47 ～ 48 ㎡而已，剛好無法接受減稅優惠。若你買到這種面積尷尬的物件，當你要賣給下一位跟你接手的買方時，有可能就會因為這一點面積之差，而導致對方無法享受稅制上的優惠，因而就不考慮購入你的物件了也說不定。因此，挑選物件時，合乎減稅要件的面積，就顯得格外重要。

議決權，看壁芯面積

我們台灣的管委會在做重要決議時，多半都是「一間房子算一票」，但是日本的管委會（管理組合）在做決議時，必須要達到兩個門檻。第一個就是一間一票的「區分所有者數」的門檻，另外一個就是「議決權」的門檻。

所謂的「議決權」，就是由你持有的房屋面積去算出來的權利佔比。舉個例子：905 號房為 25 ㎡（約 7.56 坪）的小套房、1201 號房為 60 ㎡（約 18.15 坪）的 2LDK 家庭房。如果在台灣，這兩間的投票權，都是一間一票。但在日本，除了要達到一間一票的「區分所有者」門檻外，還得達到房子面積大小的「議決權」的門檻。很明顯地，這兩間的「區分所有者」部分是一樣的，都是一票，但「議決權」的部分，1201 號房的屋主就比 905 號房的屋主有力多了，也就是說，住大間的人，講話可以比較大聲！

例如當你整棟大樓要都更改建，除了「區分所有者」要達到 4/5 的門檻以外，還得要「議決權」也達到 4/5 以上才行。也就是說，如果小間的那幾間全數贊成都更，雖然這些小間人數有超過全體人數的 4/5，但是只要有幾間很大間的房型，他們幾戶不同意，讓「議決權」無法超過 4/5，都更計劃還是會付諸流水的。

至於「議決權」的面積，大多就是以「壁芯面積」來計算的。

2-8

房型設備

～日本獨有的格局用語與先進設備

日本購屋時，無論是「建売」型的獨棟透天、還是公寓大廈，多半都是連同裝潢、附帶廚房、衛浴設備一起賣給消費者的。也就是交屋後，只要一卡皮箱就可以輕鬆入住。因此日本人購屋時，對於格局以及附屬設備的部分會特別留意。這一篇，就讓我們來看看，購屋時會遇到什麼跟我們台灣不同的用語吧。

格局用語

我們台灣講到房子的格局，都說是「一房一廳」、「兩房一廳」、「三房兩廳兩衛」... 等等。日本則是 1R、1K、1DK、1LDK、2DK、2LDK、3LDK... 等。由左到右，依序越來越大。這些英文，分別為 R=Room（房間）、K=Kitchen（廚房）、D=Dining Room（餐廳）、L=Living Room（客廳）。而前面的數字則是代表有幾間房間之意。

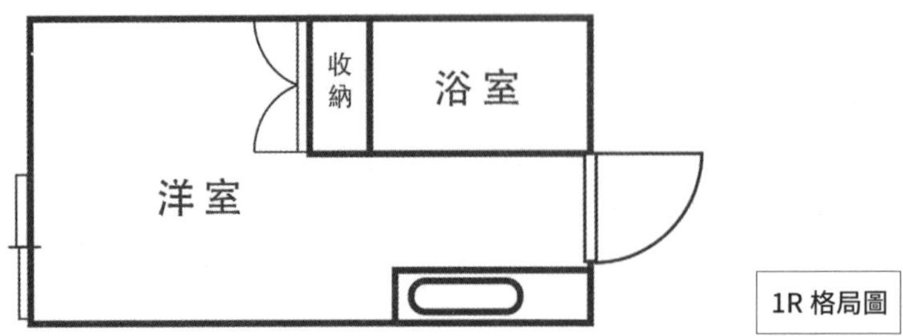

一般來講，1R的房型最小，可能就是只有10～20㎡（約3～6坪），就像學生出租套房，裡面會有衛浴設備以及廚房，但是室內就沒有任何隔間了。

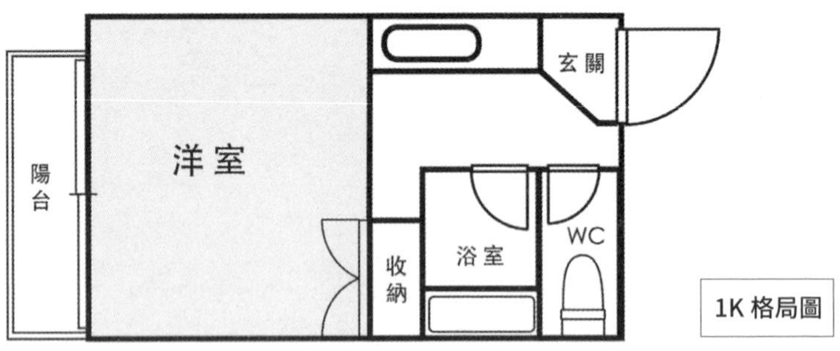

有別於上述的1R套房（廚房在房間裡面，同一個空間），1K套房則是廚房跟廁所等都做在房間外面，有門隔開。1DK，則是廚房部分的空間更大一點，可以放個餐桌。因此1K、1DK大概就20~30㎡（約6~9坪）的小套房。

3LDK 格局圖

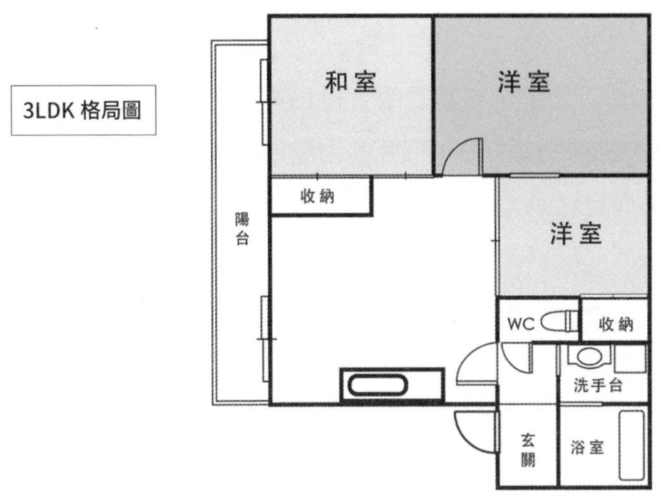

1LDK 的產品，其實很適合兩人小家庭，大小大概就 40 ㎡ ~50 ㎡（約 12~15 坪）的一房一廳。2LDK 大概就 50~70 ㎡（約 15~21 坪）的兩房一廳，上圖的 3LDK 大概就 70~80 ㎡（約 21~24 坪）的三房產品。以此類推。當然，大小只是粗略的分類，也有人把 100 ㎡（約 30 坪）的房子規劃成 1LDK 的，人家有錢想要大房間，總可以吧！

衛浴設備

日本的房子，基本上 1LDK 以上的房型，廁所跟浴室一定是分開成兩間的，因為他們覺得這是兩種不同的空間。甚至最近連 1K 小套房，都會將廁所與浴室隔成不同的兩間。這跟我們的「乾濕分離」概念不太一樣。台灣的「乾濕分離」，基本上還是在同一個空間，但日本則是喜歡直接把浴室跟廁所做成不同的兩間，而且這兩間不見得會在旁邊，有時候還會離得有點遠。

另外，日本的浴室，多半為「Unit Bath」系統式衛浴，因此都是制式的規格。例如格局圖上會標示浴室的大小為1116、1216、1317、1418、1620、1822…等。前兩個數字就是代表浴室的「寬」，後兩個數字就是代表浴室的「長」。也就是說 1418 的衛浴，室內面積就是 140 公分 ×180 公分。

一般建議如果是 2LDK 以上的家庭房產品，最好衛浴有達到 1418 size 的，會比較舒服。而現在比較新的 1K 套房，浴室也會給你 1116 的 size。也因為日本的衛浴都是有個標準大小的，因此建商往往在規劃室內格局時，就會依這種標準規格來設計，因此如果你對於自己衛浴的大小不甚滿意，可能事後也沒有辦法再花錢請人家來改格局。一來可能會碰到梁或柱，二來只能針對上述的尺寸選購時，即使你犧牲掉別的房間的空間，也會形成許多無法利用到的空間。若你真的很在乎浴室大小，建議在購買前，就針對衛浴尺寸的問題多加考量。

日本人購買新屋時，會特別在乎你的浴室是否有「追い炊き（おいだき）」加燒熱水的機能。日本人對於生活很講究，也很喜歡泡澡，因此日本的這種Unit Bath，浴缸放水時，並不是像我們是從水龍頭去調整冷熱水的，而是藉由牆壁上的儀表板，事先設定好溫度以及水量，之後只要按鈕一按，電腦就會幫你放好洗澡水，並且在水量足夠時會自動停止，不需要留意是否水會放過頭。而且在洗澡水放好以後，還會播放音樂以及廣播提醒，實在很方便。而所謂的「追い炊き」機能，則是可以幫你自動加熱浴缸的水，讓你浴缸的水保持在喜歡的溫度而不冷卻。看日劇時，常常有些女性朋友，泡澡一泡就是一小時。水，難道不會冷掉嗎？對的，就是不會！因為它會一直自動循環加熱。

科技日新月異，除了「追い炊き」機能以外，現在這種Unit Bath，有些還會做成「ミストサウナ（mist sauna）」的，也就是蒸氣室功能，讓你在家也能享受三溫暖。有些女性朋友在購屋時，都會特別留意是否有這些設備，因此各位朋友下手前時，可以確認一下浴室的等級以及機能喔。

客廳、臥室的空間表示「畳」

購屋時，房仲或建商給你的格局圖上，會標明整間房子的平方公尺（㎡）大小，若要換算為我們台灣人習慣使用的坪，只需乘上 0.3025 即可。而因為日本銷售房屋時，是以室內實際使用坪數為主，因此陽台、露台、雨遮、甚至公設，都不能灌入權狀賣錢給你。因此就算以平方公尺（㎡）標示，我們購屋者還是可以一目瞭然，容易判斷實際使用空間的大小。

但是日本的格局圖，在標示各個房間的大小時，有些會習慣以「畳」（或用英文縮寫「J」）這個單位來表示，意思就是這個空間有幾塊榻榻米大小的意思。1 畳等於 1.62 ㎡，因此如果你看到格局圖上，寫「LD16.3」，就是指你的客廳是「連同餐廳併成一個空間」，並且大小為 16.3 畳，也就是 26.4 ㎡（約 8 坪）左右。如果寫「寢室 5 畳」，則是代表的的臥室空間有 8.1 ㎡（約 2.45 坪）。

高樓層的豪華房型

我們台灣購屋時，建商多以毛胚或簡易裝潢交屋，但日本購屋時，裝潢以及隔間跟衛浴、廚房、衣櫥、收納櫃，甚至空調設備，就已經含在你的售價裡面了，因此日本人無論買新成屋還是買中古屋，都會對於室內格局以及設備特別留意。當然，一棟公寓大廈其越高的樓層，其價值本來就比較高，因此日本人蓋公寓大廈時，多半會將最頂樓的幾個樓層，室內設備都會用成更高級的大理石石材、高檔廚具等，以提高附加價值。而且往往不只是室內設備比中低樓層的高檔，甚至連天花板高度都比其他樓層的房間高，就連外面的共用走道，都使用比中低樓層更有質感的地毯以及裝潢。也因此，頂樓的豪華房型，每坪單價多半會比下面樓層貴個一到三成，甚至有些建案還高達五成的。

看懂格局圖的英文縮寫

另外，格局圖常會看見的標示，還有下面這些：

「WIC」	= Walk in Closet 就是可以走進去的衣櫃，更衣室。女生很喜歡這種的。
「SIC」	= Shoes in Closet 就是可以走進去的鞋櫃。也是女生很愛的。
「PS」	= Pipe Space 也就是排水管，以及污水管，瓦斯管道。
「MB」	= Meter Box 就是水表，電錶收納的空間。
「TR」	= Trunk Room 就是置物間的意思。
「S」	= Service Room 也就是採光不合建築基準法的房間，故不可標示為「洋式」。
「N」	= Nando, 納戸（なんど）收納小空間。也就是做規劃時剩下的畸零空間，一般就拿來當儲藏室。

另外，如果窗戶的地方，寫著「FIX」，就表示這窗戶是固定的，無法開啟，僅有採光的功能。

其他台灣不常見的室內設備

●「シーリングライト（Ceiling Light）」

大家去日本逛電器行時，應該有看過日本的照明設備吧。日本較新式的房屋，天花板的燈，跟我們台灣不一樣。只需要去電器行買來自己裝上去就可以了，不用額外再請水電工來幫你裝。而這種 Ceiling Light 種類繁多，而且還可以調色，讓你可以依照心情來轉成燈泡色或者晝光色。甚至有些還有藍色、粉紅色的。只要一把遙控器，就可以隨時遙控變色以及調節明亮度。甚至有些還內建藍芽喇叭，讓你可以用天花板的燈，來聽 iPhone 裡的音樂，或是連接家中的視聽音響，讓你的客廳搖身一變成為家庭劇院。因此購屋時，可以詢問一下自己的天花板是否可以裝此種燈（基本上較新的房屋都是這種的）。

●「ディスポーザー（Disposer）」

日本垃圾分類做得很徹底。其中，有些設備較好的大樓，會直接在廚房流理臺裝設這種生鮮垃圾的處理器。只要將吃剩的飯菜，直接丟進流理臺，按下開關。機器就會自動將你的廚餘粉碎，流入下水道。但一般戶數較少的公寓大廈、小套房以及1LDK，就較少有這種設備。

●「床暖房（ゆかだんぼう）」

日本冬天很冷，因此有許多房屋會在客廳或者房間的地板下預先埋好地熱暖氣。只要按個扭，就能讓你地板暖呼呼，不再手腳冰冷。有些是使用瓦斯，有些是使用電力。怕冷的人於選購房屋或租屋時，也都會特別注意是否有此設備，因此購屋前可以確認一下。

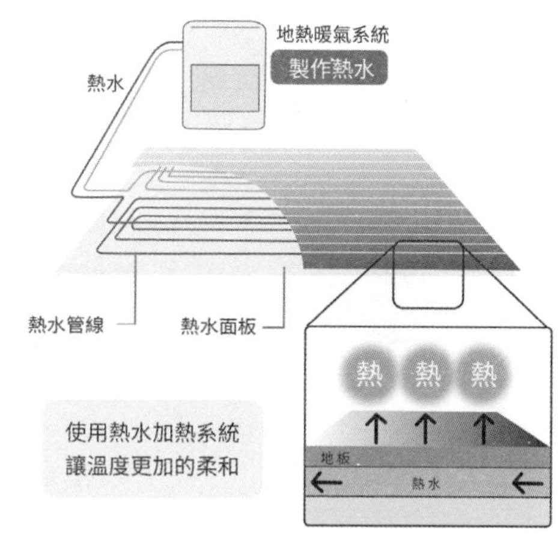

2-9

格局規劃

～這是好宅？一流華廈與三流住宅，這點差很大！

常看日本房子的朋友應該有發現，日本的房子，格局大概就是那幾種。如果是小套房的產品，最常看到的就是下圖這種「切羊羹式（羊羹の輪切り）」的格局。

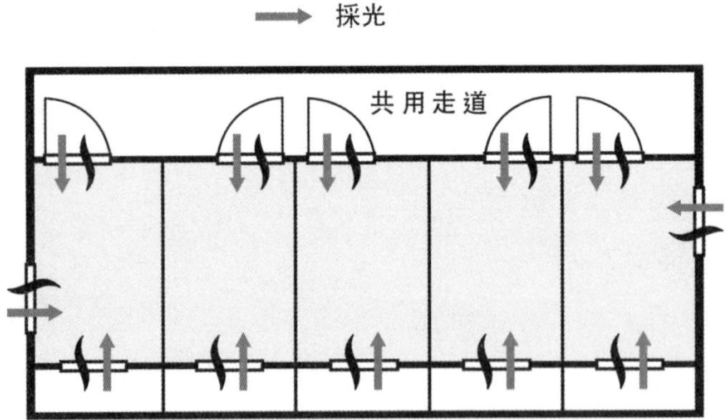

切羊羹規劃

切羊羹規劃

會有這樣的格局，與「日本人喜歡朝南的房屋」，以及「容積率計算」兩點有關。在日本，無論是出租房還是出售房，建商都會盡量把客廳的陽台部分開在朝南處，因此很多建案，如果基地的形狀允許，多半都會變成這樣全部朝南，或者大部分朝南的房間，而沒有朝北的房間，因為朝南的房子比較好租又比較好賣。

除此之外，像是上圖這樣，公共走道做在室外（外廊下），通風既良好，而且又可以節省走道的電費。若將走道做在室內（內廊下），走道除了需要 24 小時開燈以外，也得設置空調、換氣設備。這樣的缺點，就是會使建造成本高出許多，且往後公寓大廈的管理費用亦會高出許多。因此在日本，多半是高檔一點的產品才會將走道做在建築物的室內。

田字型格局

上述那種切羊羹規劃的公寓大廈，其每一戶的格局都會變成是長方形的，因此屋內的格局，大部分就只能做成所謂的「田字型」格局，也就是很像「田」字一樣的格局（如圖）。小套房也就罷了，但如果是 2LDK ～ 3LDK 的家庭房產品，還做成切羊羹、田字型的，就代表著這個建商只想著如何把容積率發揮到極致，能賣多一點室內空間，就多賣一點室內空間。

這種田字型的格局，也是日本最常見的格局。這種格局哪裡差？相信各位看圖就知道。對的，有兩間房間的窗戶是開在走道，這不就意味著，如果你開著窗，經過你家門口走道的鄰居，都會看到你了嗎？

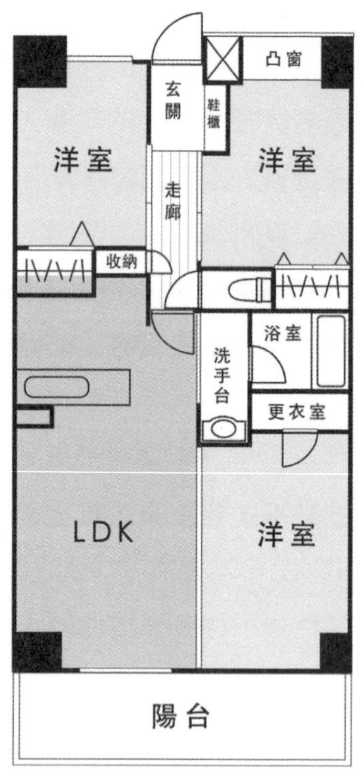

田字型格局

Center In 格局

至於要怎樣的格局，住起來才會舒服呢？高檔一點的產品，建商不會斤斤計較容積率，會寧願犧牲一點容積率，也要來換取較好的格局。像是這種「入口在房屋中央，各個房間與客廳分別在左右兩側」，俗稱「Center In」的格局，就是比較高檔的公寓大廈才會有的格局。

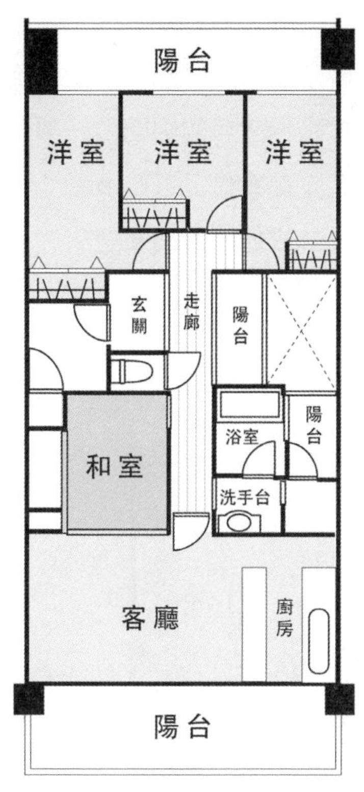

Center In 格局

雖然這樣的房間仍然屬於細長型，但是有沒有發現，每個房間都有對外窗，而且都不會像上面那種田字型的那樣會正對著走道，這種格局就有隱私多了。

兩、三戶就一台電梯

細長型的格局，如果要做成這種「Center In」的格局，就沒有辦法規劃長長的共用走道。因此多半只能像下圖這樣，在兩～三戶的中間做一部電梯。1-7 所提及的「頂級住宅」，至少都會做到「Center In」、或是更高級的格局，絕對不會設計成低廉的田字型。

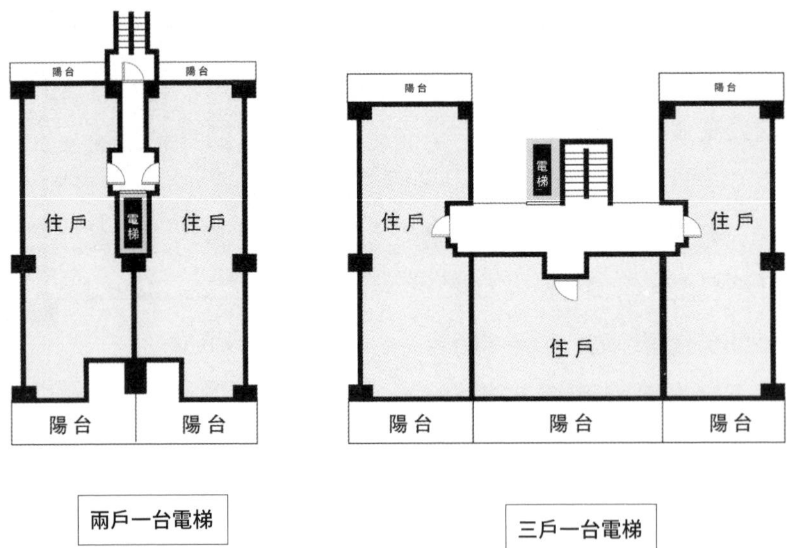

兩戶一台電梯

三戶一台電梯

Wide Span

還有一種，是近幾年很流行的「Wide Span」。Span 指的就是房屋的寬，顧名思義，Wide Span 指的就是「對外橫幅很寬」的房型。有別於田字型以及 Center In 那種窗戶開口小小的，這種 Wide Span 的房型，對外窗多，甚至有些高檔的公寓大廈，還可以把所有的房間都規劃在陽台那一面。採光好、通風佳，都不用在共用走道那裡開窗了，因此像是這樣 Wide Span 的房型，多半都會有較大的陽台。許多塔式住宅，由於建築物是塔狀、正方型的，不像切羊羹那種長條形的，東南西北每個面向都會有住戶，因此現代較新的塔式住宅很多都會規劃成 Wide Span 的格局。

不過這種 Wide Span 的格局也不是人人都愛，因為這種 Wide Span，所有的人回家，勢必都得先進到客廳才能回到各自的房間。有些青春期的小朋友、或者比較注重隱私的人，就很不喜歡這樣的格局。

房子，是用來住的，好的格局住起來才會舒服。只可惜日本許多建商還是利字當前，而且越大間的建商，越是計較利益，使得田字型與切羊羹成為市場的主流…。

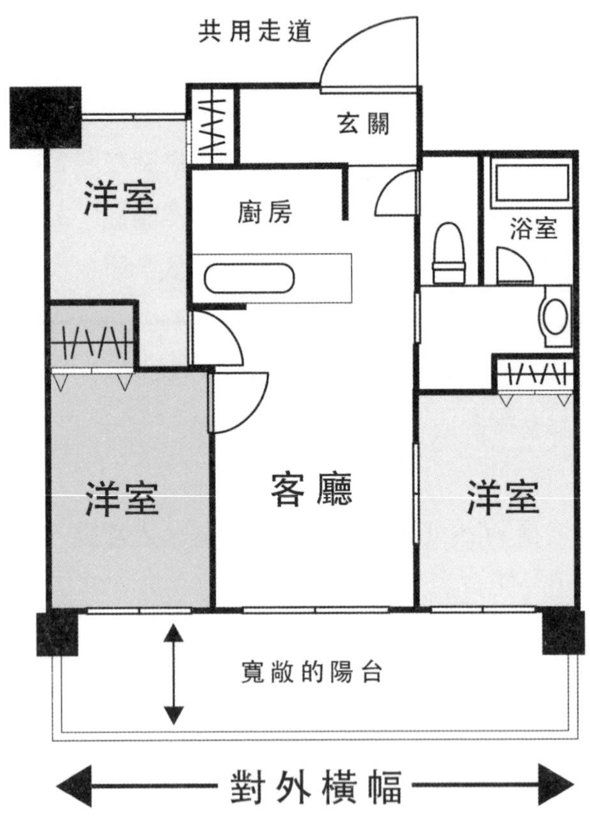
共用走道
玄關
洋室
廚房
浴室
洋室
客廳
洋室
寬敞的陽台
對外橫幅

2-10

賣屋要點

～換屋與獲利了結的終極心法

房地產業界盛傳一句話：「會買房的是徒弟，會賣房的才是師傅」。買房，只要你看了喜歡、荷包夠深，就可以買下去。但賣房，想要成功出售房產，除了要碰到喜歡你房屋的買家外，開的價位是否被市場所接受？賣掉的時間點會不會卡到資本利得稅？到底要先賣後買還是先買後賣？銷售期間會拖多長？如果自己還住在裡面，會不會一直受到看屋者來賞屋，干擾到生活作息？ ... 等。可見要賣房的難度比起買房高很多。

這一篇的前半段，我們就以「自住屋換屋」的角度，來看看換屋時需要留意哪些事項。後半段，則是針對「投資屋出售獲利了結」，來思考賣掉手上的投資物件時，應該用怎樣的態度來面對。

自住屋換屋

如果你要賣的日本房產是自住屋，除非你是要打包回台灣，或決定以後都用租屋的、不再擁有房產，不然就一定會遇到是要「先買再賣」還是「先賣再買」的問題。

疑？難道我不能「買賣同時進行」嗎？當然可以。但基本上買賣同時進行能否成功，跟運氣也有很大的關係。如果「買方」先出現，你勢必得在一定的期間內（一、兩個月內）立刻找到新屋、清空搬走。這種情況下，很有可能會因為你急著搬家，而高價買下你的下一間房屋，或者買新屋時思考不夠周密，以至於買下了一間可能不是那麼適合你的房屋。反之，如果你「下一個理想屋」先出現，你很有可能會因為急於週轉，而將自己的舊屋急售、便宜賣掉。房地產的交易，最忌諱的就是「急」。擬定策略，先決定好要「先買」還是「先賣」，再以從容的態度來處理，才是換屋成功的不二法門。

先買再賣

「先買再賣」，其實是最理想的模式，因為你可以先搬到新家後，把舊家整理乾淨再慢慢銷售。這點非常重要，因為每個人的家裡面，或多或少都有居住者獨特的「氣味」，有些購屋客對於這些味道會特別敏感，只不過你一直長期住在裡面，沒有自覺罷了。此外，除非你家裡一直保持著窗明几淨，不然家裡呈現出個人的生活感，也會影響房屋的賣相。賣屋時，最好能將房屋清空並打掃乾淨，最好再把室內擺設成類樣品屋的感覺（有些房仲有提供這種服務），這樣對於銷售上會有非常大的助益，也有助於拉抬房屋售價。

先買再賣的好處還有一點，就是你在挑選新屋的時候可以慢慢看、好好選，如果看不到理想的房屋、談不到理想的金額，也可以不需要急於一時。

若你的資金充沛，同時擁有兩間房屋並不會為你造成太大財務壓力的話，舊屋也可以慢慢賣，可以慢慢等到願意用比較高價格的買方出現再決定是否出售，因此這種方式，你的獲利會是最大值。但就是要有錢就是了。

但如果你的資金並不充沛，第一間房屋貸款都還沒還清，基本上要貸到第二間房屋的房貸，困難度相當高。但最近，有一種叫做「つなぎ融資（串場融資）」的換屋貸款，可以讓你先借到第二間房屋的貸款，再來慢慢賣第一間房屋，順利完成「先買再賣」的過程。這種串場融資多為一年以內的短期融資、且利息偏高，有些甚至還高達 3% ～ 5%。

此外，要使用這種串場融資，多半都必須得和房仲公司先行簽署「如果在一定的期間內，舊屋沒有賣掉，就必須要以某個價格賣給不動產公司或者是買取再販業者」的合約。因此你實際能夠出售房屋的期間，其實也不會長到哪裡，大約也都只有三～六個月左右，並不是真的能夠慢慢等待有緣人的出現。因此，最後你是否能夠以理想的價格賣掉，也是要看運氣。

但其實我覺得最恐怖的事情是，你確定你的房仲業者會專心幫你賣嗎？一旦他知道你的房屋如果在半年內賣不掉，就得低價回售給他，那他會不會故意使出「2-2 媒介契約」當中所提到的那一招，封鎖你的物件、不幫你介紹客戶，為的就是等著低價來接手你的房屋呢？（這純屬我的個人猜測）

先賣再買

至於「先賣再買」，雖然在資金計畫上會比較順利，但你勢必會面臨到賣掉房屋之後沒地方住的窘境。屆時就得先去租屋，等到你看到心儀房屋時，再買下搬進去，這就代表你要搬兩次家。搬家，除了勞心勞力以外，日本的搬家成本是相當高的。請一次搬家公司少說三、四十萬日圓跑不掉，搬兩次再加上租屋的一些成本，搞不好上百萬就這樣飛了也說不定。

同時，又有如上面提及，先賣再買，就表示你還住在裡面。有人住在裡面的房屋就是會比較難賣，除非你的物件真的立處精華，大家搶著要，不然很有可能因為賣相差，而導致一直賣不到你的理想價位。假日也不能亂跑，還得待在家裡配合仲介帶看，真的勞心又勞力。

上述這些，我個人覺得都還算是小事，「先賣再買」最大的風險，就是遇到像現在這樣通膨、房價上漲的時期。若你從「賣掉舊屋」到「買進新屋」的這段期間，一年就給你漲個一、兩成，那不就代表你的購買力也因此被削弱了不少嗎？搞不好就只能換到比原本房屋更小、地點更差的房子，就此被洗出了精華區也說不定。

換屋是個很棘手的問題，我這二十年來從台北換到東京，台北換兩次、跨國換一次、東京換一次。現在回想起來就覺得耗力費神，有幾次也真的只是運氣很好、有神明保佑，才能有驚無險順利換屋。

之前就有住在日本的朋友打著「先求有，再求好」的心態，想說反正就先買，等以後兒女長大後再來考慮學區的問題。在此還是奉勸在日本要買自住屋的朋友，換屋大不易，買屋時一定要思考周全啊！

投資屋獲利了結

俗話說：「有百年厝，無百年主」。如果你買的物件不是自己要住的，而是投資的，你總有一天會面臨售屋的問題，更何況這個物件不在自己的家鄉，在國外。因此你的日本宅，將來留下來當作是傳家宅的機率應該不大。所以要在買進之前，就先擬定好「出口戰略」。也就是買的時候，就要先想到之後要賣給誰。

留點給別人賺

每個物件，每個投資者，狀況都不盡相同，能夠承受的風險也都大不同。有些人融資購屋，只要房價跌個兩三成，可能就得斷頭出場，但有些人用現金買清，可以挨過百年一見的金融風暴，等到景氣好轉，房價又是倍數增長。因此本書也無法信誓旦旦地說，投資房在怎麼樣的情況該買，在怎麼樣的情況該賣。

人並不是神，無法未卜先知，所以「買在最低點，賣在最高點」就只是個幻想。因此，我自己的投資心法就是「留點給別人賺」。許多人就是因為貪心，想要賺到最後一分錢，反倒錯過了很好的賣點而慘遭套牢。如果我們心存感恩的心，留點給下一個向你買房的人賺，一來感謝向你接手的人，給你賺了一筆。二來也表示市場還有人要買，還來得及出場。往往等到大家都驚覺到該出場的時候，你也就成為了最後一隻老鼠。

買屋時「快、狠」但不「準」？

巴菲特曾經說過：「在別人貪婪的時候恐懼，在別人恐懼的時候貪婪」。不管什麼投資都一樣，低點進場，才有獲利空間；而高價買進，不是賠，就是「富貴險中求」。但台灣人有個很不好的習慣，就是什麼事情都喜歡一窩蜂。日圓急跌，不管整體趨勢是否為正在下墜的刀子，就開始死命搶日圓。再跌，就再買來攤平，結果越攤越平（貧）。

台灣人買日本房也是一樣，便宜的買點無人聞問，日圓一開始下跌就蠢蠢欲動，也不管投報率以及房價是否合理，就開始死命掃貨。尤其是 2013 ～ 2015 年那一波台灣人瘋買日本房時，三姑六婆組了個看屋團，或參加了一個房地產說明會，看到隔壁大嬸買了一戶，輸人不輸陣，很像自己沒買很沒面子一般，連個行情都沒查清楚，格局都沒好好看，就直接下單了。買進，不是問題。但許多人買到的價錢，高於市場行情價一到兩成，那問題可就大了！我還記得當時經常聽說台灣人因為不懂行情，而被業者狠扒一層皮的故事。奇怪了，買菜都會斤斤計較了，真不懂為什麼買屋時可以連周邊行情都不查，直接買下去呢？

買屋的時候，雖然需要「快」、「狠」，但是也必須要「準」。因此該做的功課還是不可省略，必須擬好出口戰略。例如這個投資打算進行幾年？如果打算收租十年後賣，就得去參考一下目前周邊屋齡高於你十年的，與你要購買的產品類似的中古屋，看它目前售價大概是多少。如果經濟情勢沒變動，有可能你之後就是只能用這個價錢出貨了。

高價買進，賠錢出場？

不動產投資是一門很有趣的學問。有時候，即使你賣出時賠錢，賣價比買價便宜，但也不見得就代表這個投資是失敗的。假設你今年買了一間 5,000 萬日圓的房屋，但十年後如果只能賣到 4,000 萬日圓，雖然帳面上看起來賠了 1,000 萬日圓，但如果你的物件淨頭報有 3%，那麼你這十年間完稅後的房租淨收入就有高達 1,500 萬日圓（5,000 萬

×3%×10 年），這樣整體上來你還是賺了 500 萬日圓。因此購入時，有必要事先擬好脫手的時間點、脫手時可能的售價、以及模擬持有期間的房租收入。

不動產投資還有一項特點：在你的房屋有辦法一直持續為你收租的前提下，那即便你是買貴了，「只要把時間拉得夠長，終究還是會回本」。市價 5,000 萬日圓的房屋，假設年收租淨頭報有 3%，那每年就是可以收到 150 萬日圓的房租。總價 5000 萬日圓 ÷ 年租金 150 萬日圓＝ 33.33 年，也就是說，33 年左右就可以回本。

但如果你不小心買貴，買到 7,000 萬日圓的價格呢？它每年一樣可以為你收租 150 萬日圓，那麼只要把時間拉長，7,000 萬日圓 ÷ 年租金 150 萬日圓＝ 46.66 年，你一樣可以在 46 年後回本。屆時再賣，一樣不會虧本。

只不過時間拉到 46 年這麼長，對於你這筆資金的運用可以說是非常沒有效率，而且可能會損失非常多機會成本（※註：參考 3-7）。況且，46 年後你是否還活著都還是個問題。因此「出口戰略」一定要在購買前就擬定，不能等到買入之後才「亡羊補牢」！

三、算計篇

財務知識不可少

03

投報率越高越好？如何善用槓桿與套利交易獲取巨大財富？

投資並不像你想得這麼單純，有些小知識，你不能不懂！

3-1

現金流

～貸款成數與年限的數字魔法秀

投資不動產，必須要具備一定程度的財務知識。從這一篇起，我們就一起來看看，投資日本不動產時，一些「關於錢」的小知識。

何謂現金流

相信大家都聽過「現金流（Cash Flow）」這個字。所謂的現金流，指的就是「穩定、持續」的現金流入與流出。從房屋收租的角度來看，「租金」就是你的現金流入，「稅金、房貸、管理修繕費用等」就是你的現金流出。

也就是說，如果有一間房屋的條件如下：

- 年租金 180 萬日圓（月租金 15 萬日圓）
- 管理修繕費用每月 12,000 日圓
- 每年各種稅金約 8 萬日圓（每月約 6,666 日圓）

那麼這個物件的現金流入就是每月 15 萬日圓；現金流出就是每月 18,666（12,000+6,666）日圓。如果你是用現金全額買進，那麼你每個月的現金流就會是 150,000-18,666=131,334。

那如果你不是使用現金全額買進，而是使用貸款買進呢？那麼現金流就會一口氣少了許多，因為你必須還得要償還房貸以及利息。假設此房屋：

・售價為 3,000 萬日圓
・投資用房貸利率為 2.5%

那現金流如何計算？首先，要先決定自備款拿出多少。下面我們舉自備款一成與自備款三成的情況，分別來計算看看它的現金流。

●**自備款一成、貸款 20 年：**

3,000 萬日圓的房屋，若是自備款一成，就代表自備款為 300 萬日圓、貸款金額為 2,700 萬日圓。若以 2.5% 的房貸利率計算，那麼你每月應還款的金額就是 143,073 日圓（※註：使用貸款計算 APP 算出）。

房租 150,000-
（房貸 143,073 ＋管理費用 12,000 ＋稅金 6,666）＝ -11,739
現金流為負的 -11,739

●**自備款三成、貸款 20 年：**

3,000 萬日圓的房屋，若是自備款三成，就代表自備款為 900 萬日圓、貸款金額為 2,100 萬日圓。若以 2.5% 的房貸利率計算，那麼你每月應還款的金額就是 111,279 日圓（※註：使用貸款計算 APP 算出）。

房租 150,000-
（房貸 111,279 ＋管理費用 12,000 ＋稅金 6,666）＝ 20,005
現金流為正的 20,005

現金流越高，投資越穩定

現金流的概念，對於財富的累積相當重要。一般來說，現金流越高，就代表你這個投資每個月所能夠為你留下來的錢越多，也就是說這筆投資越穩定。

高現金流，留下比較多的現金，就代表當你持有這個房產的期間，如果遇到什麼突發狀況，例如：房客退租後的房屋裝修、設備故障、遇到疫情期間導致空屋期間過長 ... 等，你才有足夠的現金可以應付。此外，手頭上留下的現金越多，還能夠提前償還房貸或者將這些資金再轉投資到其他的標的上。

「那，如何提高一個物件所能帶來的現金流呢？」

從上面自備款的模擬就可以得知「自備款越高，現金流就會越高」。自備款如果只有一成的話，那麼上述這個投資的情況，現金流甚至是負的。這意味著這筆投資並不是「被動收入」，因為你不只沒收入，還得每個月多掏出錢來「支出」，才能補足房貸等其他費用。要想讓這個投資成為「被動收入」，先決條件就是必須要讓「現金流」為正。因此可以將自備款增加至兩成、三成，或者更高。

增加自備款，提高現金流

當我們將自備款增加到三成時，現金流就會由原先「負的 -11,739 日圓」轉為「正的 20,005 日圓」。如果你的自備款更多，增加到四成、五成，現金流就會等比例增加。如果自備款高到不需要貸款，直接「現金買進」，那麼現金流就會是最高等級 131,334 日圓。

「疑？既然這樣，那當然就用現金直接買清就好啦！每個月可以爽收房租 13 萬。」

問題是，並不是每個人都有辦法現金付清啊！而且就算全額用現金付清，其實也不見得是個好投資。下面且聽我娓娓道來：

現金流越高越好？

在上述自備款只有一成的情況下，現金流為負。它不僅沒辦法每個月幫你生錢，還得要你掏出錢來養它。那為什麼這樣的投資，還有人會願意做呢？腦袋燒壞嗎？當然不是！這些人使用「低自備款低現金流」的投資方式，目的就是為了賺取「資本利得」或「累積資產」！

如果現在房價的趨勢處於上升階段，投資人看好房價過兩、三年就會漲個好幾成，那麼即便當下現金流為負，又如何？反正買進來 3,000 萬日圓，屆時轉賣個 3,600 萬日圓，賺一筆大的就好了！

當然，有些投資人的著眼點並不是短期轉賣的資本利得，而是希望累積名下的資產，讓財富穩定增長。假設你有 3,000 萬日圓的現金，但你只買了一間 3,000 萬日圓的房屋，全額付清。那麼在爽領房租 20 年後，你這些年來獲得的，就是一間中古屋以及 20 年的租金，約 3,152 萬日圓的現金（每月現金流 131,334×12 個月 ×20 年＝ 31,520,160）。

但如果你只拿出一成的自備款，相同的 3,000 萬日圓，就可以買十間。雖然你每個月的現金流為負，每個月都還得掏出 11,739×10 間＝ 117,390 日圓，但 20 年後，你這些年來獲得的，卻是 10 間中古屋，加上約 2,817 萬日元的負債（每月掏出 117,390×12 個月 ×20 年＝ 28,173,600）。

「一間中古屋＋ 3,152 萬的現金」，與「十間中古屋－ 2,817 萬的負債」，哪個比較有錢？不言而喻！

好啦，計算一下。假設上述中古屋一間殘值只剩 2,000

萬日圓的價值，那前者就是「2,000 萬＋ 3,152 萬＝ 5,152 萬」，後者就是「2,000 萬 ×10 間－ 2,817 萬的負債＝ 1 億 7,183 萬」。那如果這二十年來，房價漲了一倍，一間房價從 3,000 萬日圓漲到 6,000 萬日圓呢，那麼前者就是「6,000 萬＋ 3,152 萬＝ 9,152 萬」，後者就是「6,000 萬 ×10 間－ 2,817 萬的負債＝ 5 億 7,129 萬」。兩者財富累積的規模完全不同，這就是槓桿的威力啊！

使用「低自備款低現金流」這種「高槓桿」狂買十間的好處，就是可以讓你的財富以數倍的規模累積，但同時，這種高報酬也代表著極高的風險。若不幸哪天，遇到像是雷曼風暴這種百年難得一見的金融危機、又或是武漢肺炎這種從來沒遇到過的史詩級巨變，而使得你的房屋一直空屋，整整兩、三年都租不掉呢？你原本每個月就要掏出 117,390 日圓來補貼房貸，但如果沒有了房租，每個月要掏出來的錢，會頓時增加到 1,617,390 日圓。每個月要支付 161 萬日圓的房貸，很多人就是這樣死的 ...（而且感覺近幾年來，動不動就會跑出一隻黑天鵝 ...）。

全額付清這種「全自備款高現金流」的好處，雖然面臨的風險極低，即便房客突然退租，空屋空個一年半載，你也只是沒有租金收而已，不會怎麼樣。但壞處就是資金運用的效率極差，難以累積巨額財富。因此，要如何在自備款成數，以及你個人面對風險時的承受能力之間取得平衡，考驗著你身為一個投資人的智慧！

拉長還款年限，提高現金流

上面提到，若想要提高這項投資的現金流，「增加自備款」就可以了。但其實，除了「增加自備款」以外，還有一招，就是「延長貸款的還款年限」。

上述舉例中，自備款一成時，現金流為負的 -11,739。若你的錢不夠多，一樣只能拿出一成的自備款時，只要能將還款期限再延長個 10 年，現金流即可由負轉正。

●自備款一成、貸款 20 年：

3,000 萬日圓的房屋，若是自備款一成，就代表自備款為 300 萬日圓、貸款金額為 2,700 萬日圓。若貸款 20 年、房貸利率 2.5%，那麼你每月應還款的金額就是 143,073 日圓。

房租 150,000-

（房貸 143,073 ＋管理費用 12,000 ＋稅金 6,666）＝ -11,739

現金流為負的 -11,739

●自備款一成、貸款 30 年：

3,000 萬日圓的房屋，若是自備款一成，就代表自備款為 300 萬日圓、貸款金額為 2,700 萬日圓。若貸款 30 年、房貸利率 2.5%，那麼你每月應還款的金額就是 106,682 日圓。

房租 150,000-

（房貸 106,682 ＋管理費用 12,000 ＋稅金 6,666）＝ 24652

現金流為正的 24,652

雖說拉長貸款年限，就代表著你要繳出去的總利息變多了（前者 20 年總利息為 7,337,520 日圓，但後者 30 年總利息則是高達 11,405,520 日圓），但如果以「現金流」以及「累積資產」的角度來看，就只是累積資產的速度變慢而已，但風險卻因此降低了不少，因此也不失為一個好方法。只不過，貸款年限能否拉長，就得看銀行的臉色了！

3-2

投報率

～日本房地產，高投報背後的真相

「投報率」與「現金流」，都是在房產投資中不可不懂的關鍵字。許多專營海外房產的業者總是說「日本房地產的投報率有多高多高」，好似買了就會賺大錢一般。那究竟什麼是投報率呢？

何謂「投報率」？

「投報率」，全名為「投資報酬率」。在房地產投資中所指的投報率，就是「相對於你付出的房屋總價，你每年可以收回多少的租金」。其實說白話，就是你的「房價生出來給你的利息」。對的，其實就是「殖利率」的概念。

假設一間總價為 3,000 萬日圓的房子，可以每年收租 180 萬日圓，那麼這間房屋的投報率就是 10%。計算方式如下：

●年房租收入（R×12 個月）÷ 購屋總價（P）＝投報率（Y）

180 萬（年租金）÷3,000 萬（房價）＝ 0.06，也就是 6%

從上述投報率的公式我們就可得知，若想要拉高投報率，就只有兩種方式：一為「提高租金」，一為「壓低購屋總價」。

也就是說，若你有辦法找到好房客，將租金拉高至每年 216 萬日圓，那麼投報率就可以拉高至 7.2%（216 萬÷3,000 萬＝ 7.2%）。

又或者你很會殺價，買屋時有辦法將房價殺到 2,500 萬日圓，那麼即便租金還是 180 萬不變，投報率也可因此拉高至 7.2%（180 萬 ÷2,500 萬＝ 7.2%）

換句話說，就是「一個物件投報率的高低，取決於你物件的購入價格以及租金」。

表面投報率與實質投報率

而「投報率」有分兩種。上述公式算出來的數字，稱作「表面投報率（毛投報率）／グロス利回り」。若將年房租收入部分，再扣除稅金以及管理修繕等費用後，再除以房價，所得出的投報率，就稱作「實質投報率（淨投報率）／ネット利回り」。

年房租收入（R×12 個月）÷ 購屋總價（P）＝表面投報率

〔年房租收入（R×12 個月）－費用〕÷ 購屋總價（P）＝實際投報率

一般售屋時，房仲或建商所提供的投報率，都是表面投報率，建議下手購買前，也計算一下實際投報率，才能摸清真正能進入自己口袋的現金流到底有多少。

投報率越高越好嗎？

買房時，仲介最喜歡說的營業話術之一，莫過於「這個物件投報率很高喔」。但對投資有基本認識的朋友，也一定知道「高投報往往都代表高風險」。那麼，究竟買日本房投資時，是不是應該要「避開高投報物件」呢？其實這也不見得。正所謂「外行看熱鬧，內行看門道」，如果你能夠理解每個個別物件其投報率高低的原因，有時高投報的物件，反而能賺大錢，而低頭報的物件反而沒賺頭也說不定！

接下來，我會解釋日本「高投報」物件的前因後果，各位了解後，選購物件時自己可以嘗試判斷看看，你屬意的物件是否值得購入。

日本為何有些物件投報率這麼高？

第一，就有如我們先前篇章講的，日本人認為房屋會折舊，而且早些時期，日本人有所謂的「新築信仰」（參考「1-10 老屋翻新」）、喜新厭舊，因此新屋越蓋越多，自然中古屋就比較不討喜。

第二，在之前日本通貨緊縮的經濟情勢下，新屋並不貴，新屋供給量也充足，因此購屋者有很多選擇，不一定要選中古屋。如果屋主想要賣掉它手上的中古屋，就勢必得賣便宜一點，營造出投報率很高、很誘人的樣子，才會有人願意接手。尤其是小套房物件更是如此，因為會買小套房的人多為投資客，不會有自住客買小套房來自住。而在投資客的眼中，投報率是衡量投資能否成功的一大關鍵。

第三，在房屋會折舊跌價的前提之下，如果不讓下個接手的投資客，在短期間（10 ～ 15 年）就能回本，是不會有人願意承接的。因為下個接手的投資客，他必須面對：1. 房價下跌、2. 房租下跌、3. 房屋老舊租不出去、4. 隨著屋齡越來越舊，每個月越來越高的管理修繕費用、5. 房屋老舊賣不出去繼續繳高額管理修繕費以及稅金、6. 難以取得各所有權人的共識，來改建老舊不堪使用的公寓。... 等這麼多的風險。因此，換個角度想，「高投報」可以說是對於上述風險的一種補償。

高投報代表高風險？

「哇！聽你上述這樣說，那高投報就真的是高風險啊！」

且慢！如果你已經理解了有這些風險的存在，那你在投資時，是可以利用一些方法趨吉避凶的。例如上一篇所介紹的「提高現金流」、或者是「增加房間的硬體設備，做好房客服務，留住房客」、又或者是「開管委會時積極參與，保持房產價值」... 之類的。

至於有關於房屋折舊以及跌價問題，近年來，由於日本已經逐漸由通縮的環境轉變為通膨，新成屋的供給也已經和中古屋平起平坐，甚至許多屋齡二、三十年的中古屋早已止跌反彈、大家搶著要。因此「折舊」與「跌價」，在往後的時代是否還是一個很重要的問題？或許就沒那麼重要了。畢竟像是歐美等國家，有些舊屋反而都比新屋還值錢。只要房子管理得宜、狀態維持良好，或許資產價值都可以維持在一定的水準之上。因此，「高投報」物件也可以在你的努力之下化險為夷，成為「中、低風險」的物件！

低投報代表低風險？

那買「低投報」的物件呢？是不是風險就真的比較低？「理論上」是這樣講沒錯。因為從上述計算投報率的公式來看，我們就可得知，所謂低投報的物件，就是「房價很貴」（或者說「相對於它的房價，租金很便宜」）的物件。

房地產的世界很有趣，房價有時可以暴漲個一、兩倍（台灣近 30 年來至少漲三倍），也可以暴跌到僅剩兩、三成（日本泡沫時代跌到只剩一成的物件也不少）。但房租震盪的區間，漲跌的幅度都不大。因此「房價漲很多，房價很貴」的地區的物件，從租金投報率的觀點來看，投報率都會很差。

例如東京都心五區的新屋，房價一定很高。但相對於這些新屋能夠收進來的租金，卻不見得能夠與它的房價呈等比例的增幅，因此這些物件的投報率都很低。而之所以「投報率很低」的都心物件還是有人願意接手，就在於「它比較保值、屬於安全資產」。

都心精華區的房屋跌價可能性較低，而且也比較容易租得出去，因此，買的人自然就願意用更高的價位來買進這樣的安全資產，目的就是為了保值以及規避風險。這也促使它房價越來越高，進而壓低它投報率的主因。

但都心低投報物件其實也存在著一個問題，就是都心的物件，很容易一不小心就漲過頭！房價高的時候，大家都追漲。如果你買到超漲的產品，自然就得面臨價格下修時的風險，因此也不見得低頭報的物件就一定是低風險。還得看你是否有本事，來判斷這個房屋的真價值。

投報率，差 1% 差很多？

接下來，我們來講一下關於「投報率的數字迷思」。

我們本篇一開始時，舉了一個 3,000 萬日圓的物件，其年租金為 180 萬日圓，因此投報率為 6%。再複習一下公式：

●年房租收入（R×12 個月）÷ 購屋總價（P）＝投報率（Y）

180 萬（年租金）÷3,000 萬（房價）＝ 0.06，也就是 6%

如果今天你是這個物件的潛在買方，而你希望這個物件的投報率可以達到 7%，那麼，你應該跟屋主殺價殺到多少錢呢？怎麼算？很簡單，當然就是從上面這個公式回推回去就好！

●年房租收入（R×12 個月）÷ 投報率（Y）＝購屋總價（P）

180 萬（年租金）÷ 期望投報率 7%（0.07）＝ 2,571 萬（你的出價）

因為房租不變，但你希望投報率能夠增加 1%，因此就只能請屋主算你便宜。也就是必須請他降價至 2,571 萬日圓，才能符合你想要的投報率。這種出價的方式，也是日本投資客常用的砍價方式。他們會告訴屋主說，這個地區、這樣的物件，其合理的投報率應該是多少 %，然後再以租金去回推房價。藉由這種「有所本」的計算方式，來說服屋主降價。而房仲業者在幫忙客戶賣投資物件時，也多會以投報率的方式來回推總價，建議屋主應該開價多少錢。

下面我們就以上述的條件來模擬一下，這個物件，其投報率從 8% ～ 1%，房價分別是多少錢：

・投報率 8% 時，回推總價　180 萬 ÷8% ＝ 2,250 萬日圓
・投報率 7% 時，回推總價　180 萬 ÷7% ＝ 2,571 萬日圓
・投報率 6% 時，回推總價　180 萬 ÷6% ＝ 3,000 萬日圓
・投報率 5% 時，回推總價　180 萬 ÷5% ＝ 3,600 萬日圓
・投報率 4% 時，回推總價　180 萬 ÷4% ＝ 4,500 萬日圓
・投報率 3% 時，回推總價　180 萬 ÷3% ＝ 6,000 萬日圓
・投報率 2% 時，回推總價　180 萬 ÷2% ＝ 9,000 萬日圓
・投報率 1% 時，回推總價　180 萬 ÷1% ＝ 1 億 8,000 萬日圓

重點來了！有沒有發現？投報率下降時，房價並不是以相同幅度的金額在上升的，而是上升的金額差距越來愈大。

投報率從 8% 降到 7% 時，房價只差了 321 萬日圓（約 1.14 倍），但投報率從 3% 降到 2% 時，房價卻差了 3,000 萬日圓（約 1.5 倍），差距越擴越大。

這個數學問題看似簡單，但卻很多投資者都忽略掉了，以至於買屋時，很容易因為賣方在投報率上數字的操弄，買方買貴卻渾然不知。

舉例來說，許多買方在買高投報物件（便宜小套房）時，會糾結在投報率 8% 與 7% 之間那 1% 的差距。但在購

買低投報物件（都心高價宅）時，卻忘記了 3% 與 2% 之間的差距有多大。原本合理投報率為 3%（6,000 萬日圓）的物件，但只要賣屋的人將投報率壓低一點，設定為 2.7%，僅少了 0.3%，這間房屋的總價就會從 6,000 萬日圓的開價變成了 6,666 萬日圓。許多購屋者就會不小心想說「阿反正 3% 跟 2.7% 也差沒很多，我又很喜歡」，於是就這樣給他簽下去了 ...。

投報率操弄的方式不只用在高價產品，專營 1R 蚊型套房的業者，也很會將其利用在低價產品，用這種方式來買低賣高，狠削投資客。關於這個故事，我們留在 5-1 再來跟大家分享。

3-3

自我資本收益率

～善用槓桿，累積巨額財富？

不動產的投資，尤其是一整棟木造公寓或收租大樓，與其說是「買房當包租公」，反倒還比較像是在「經營事業」。除了因為這些一整棟的投資物件戶數多、量體龐大以外，它與區分所有權式的公寓大廈不同，並沒有管理組合（管委會），因此物件的修繕、管理，房東都得自己來。甚至有些規模較到的大樓，還得聘請物業管理公司來幫忙打點（打掃、管理、檢點設備等）。而這些物件規模較大，金額動輒數億日圓，因此也多以融資的方式進行投資。

「投資一棟木造公寓或大樓」，比起「現金買一間套房來收租，輕鬆爽當包租公」的難度可高多了。除了有很多雜事得處理外、還得計算貸款還款事宜、也得請稅理士（會計師）製作財務報表、每年報稅 ... 等。也就是因為這種投資較為複雜，因此做這種較大規模的不動產投資時，許多投資者都會借助各種指標來幫助自己做出判斷。

這篇要介紹的「自我資本收益率 CCR（Cash on Cash Return）」，可不是網路流行用語「ㄈㄈ尺（Cross Cultural Romance）的簡稱」喔，而是指「年度實際收入與自我資金之間的比例」，是用來衡量投資效率以及獲利能力的一種指標。（※ 註：CCR 中文多翻譯為「現金回報率」，為了不與我們不動產用語中的「投報率」搞混，本書改以「自我資本收益率」稱之。）

CCR 怎麼算

有別於「投報率」（年租金 ÷ 房屋總價）是衡量年租金與物件總金額之間的比例，「自我資本收益率（CCR）」（投資淨損益 ÷ 投入本金）則是衡量一個物件一年當中實際賺到的錢（投資淨損益）與使用槓桿操作時所投下本金（自備款）之間的比例。

一個物件的「投資淨損益（實際所賺到的錢）」，就是指我們前兩篇所提到的一整年的「現金流」（租金收入－稅金房貸管理修繕費等支出）。為了解釋方便，我們就再把當初解釋「現金流」時，所舉出的例子，再提出來，用它來舉例計算 CCR 吧！

・售價為 3,000 萬日圓
・自備款三成 900 萬、貸款 20 年
・投資用房貸利率為 2.5%
・年租金 180 萬日圓（月租金 150,000 日圓）
・管理修繕費用每月 12,000 日圓
・每年各種稅金約 8 萬日圓（每月約 6,666 日圓）
★投報率：180 萬 ÷3,000 萬日圓＝ 6%

上述這個條件的物件，它的現金流我們在前兩篇已經計算過，這裡再稍微複習一下：3,000 萬日圓的房屋自備款三成，就代表自備款為 900 萬日圓、貸款金額為 2,100 萬日圓。若以上述的房貸利率計算，每月應還款的金額就是 111,279 日圓。

因此每月的現金流就是：

房租 150,000-
（房貸 111,279 ＋管理費用 12,000 ＋稅金 6,666）＝ 20,005

而一整年的投資淨損益（年現金流）就是 20,005×12 個月＝ 240,060

依照這個數字，我們就可以計算出這個投資的自我資本收益率：

●自我資本收益率（CCR）＝投資淨損益（年現金流）÷ 投入本金（自備款）

＝ 240,060 ÷ 9,000,000

＝ 0.02667333，也就是約 2.66%

與企業經營的概念一樣，若想要提高 CCR 的數據，可以試著從「削減成本」或「增加收入」這兩個方向著手，以提升「投資淨損益」。如果是一棟的物件，可以跟物業管理公司談價、室內裝修自己來、或者乾脆自己打掃、自己報稅 ... 等，藉以削減成本。出租時，則是可以利用一些招募小巧思、讓租客住得安心、舒服，進而提高房租，增加收入。因此，對於較大的投資案件而言，CCR 也不失為一個經營判斷的參考指標。

雖說自我資本收益率是越高越好，但也要注意公式的兩端，是不是因為「投入本金」的部分過少，才讓數值偏高的。如果是的話，也要稍微留意一下槓桿使用過度的風險。

市郊房產，狠賺 25% 收益率

上述的公寓大廈物件，我們計算出來的 CCR 僅有 2.66% 之多，為什麼會這麼低呢？因為這個物件投報率太低（才 6%），而且收進來的錢有一大部分都拿去還房貸了，才會導致自我資本收益率很差。

假設我們今天買的物件不是上述的公寓大廈物件，而是市郊或郊區的一棟木造公寓呢？就讓我們假設買個 5,000 萬日圓，投報率 12% 的物件來模擬看：

・售價為 5,000 萬日圓
・自備款三成 1,500 萬、貸款 20 年
・投資用房貸利率為 2.5%
・滿室時年租金 600 萬日圓（月租金 500,000 日圓）
・由於是新屋，所以管理修繕費為 0 日圓
・每年各種稅金約 10 萬日圓（每月約 8,333 日圓）
★投報率：600 萬 ÷5,000 萬日圓＝ 12%

上述這個條件的物件，5,000 萬日圓的房屋自備款三成，就代表自備款為 1,500 萬日圓、貸款金額為 3,500 萬日圓。

若以上述的房貸利率計算，每月應還款的金額就是 185,466 日圓。

因此每月的現金流就是：

房租 500,000-
（房貸 185,466 ＋管理費用 0 ＋稅金 8,333）＝ 306,201

一整年的投資淨損益（年現金流）則是 306,201×12 個月＝ 3,674,412

●自我資本收益率（CCR）＝投資淨損益（年現金流）÷ 投入本金（自備款）
＝ 3,674,412 ÷ 15,000,000
＝ 0.2449608，也就是約 25%

哇！前面那個都心公寓大廈，CCR 才 2.66%，這個郊區一棟木造公寓，居然可以高達 25%，有沒有搞錯，差那麼多？對比你所投下的 1,500 萬本金，每年可以收到 360 多萬的現金流，根本四年就回本了啊！

沒錯！四年過後，回本了，你的物件也還可以持續幫你賺租金，甚至你也可以選擇賣掉，賣多少錢，價差就等於是你淨賺的金額。就因為郊區的物件 CCR 這麼高，所以日本也有許多專業投資客，根本不買都心公寓大廈物件，反而都專做這種市郊 CCR 很高的一棟木造公寓物件。

貓膩在這裡

對比本篇舉出的兩個物件，你就可以知道，第一個物件投報率只有 6%，但第二個高達 12%。這兩個數據並不是我亂舉的，都內某些公寓大廈型的收益物件，大概就是 6% 左右的水準，市郊許多一棟木造公寓型的收益物件，也都有高達 12% 的水準。但兩者之間，之所以投報率會有這麼大的落差，就在於我先前篇章提過的，都內的物件穩定，郊區的物件，租不租得出去都還是個問題。也就是說，都內的物件除了房價與租金價格穩定以外，租客即便退租了，在短期間也不難找到下一個租客。但郊區的物件，一但變成了中古屋後，可能會因為建物折舊而使得價位掉到剩不到三分之一。再者，一旦租客退租後，由於郊區需求本就不高，很有可能空在那裡一整年都還租不出去。因此那 12% 的投報率，是否真的能夠收好收滿，還要看你有沒有那個運。

此外，都心的公寓大廈物件，需要管理修繕基金，但是郊區的一棟木造公寓為 0。當然，你自己是屋主，你當然不需要繳交管理修繕基金。而且如果物件是新屋，設備都是新的，自然也就不需要有什麼太大的修繕需要處理。但這樣的好景，也就只有新屋的前幾年而已。房屋老了以後，漏水啦、冷氣啦、地板啦、牆壁啦、樓梯啦，外牆啦 ... 等等一堆需要花錢的。再加上如果房屋因為舊了，租相差了，房客沒住滿，你所需要花費的維修費用很有可能連你所收進來的房租都還不夠支付。但是都心的公寓大廈，即便上述的問題發生，除了室內的冷氣以及地板牆壁以外，費用也全部由管委會支出。因此也比較不會因為房子變舊以後，整個收支計劃就失衡。

也就是說，想要賺取市郊一棟木造公寓的超高 CCR，你就必須盡可能地在短期之內就把本金回收，然後在房子看起來狀況還沒太差時，趕快拋出去。或許才是最精明的操作方式也說不定！

結語

日本整個國家的大趨勢，就是人口持續減少。人口減少，而且勞動力又一直往大都市移動，市郊以及鄉下地方就會沒有人。沒有了人，就沒有人繳稅。沒有繳稅，地方政府就沒有稅收可以維持基礎建設。然後又因為沒有基礎建設，就會使得生活更不方便。這又讓當地的人更沒有留下來的意願⋯。

就這樣惡性循環，導致日本有許多偏鄉地區甚至面臨了滅村的危機。這樣，你投資這裡的物件，光有極高的投報率或CCR，但實際上卻完全租不出去，這樣，有用嗎？

雖然從總體上看來，郊區物件似乎碰不得，但如果你能夠從局部區域中，找到人口持續增漲，或者穩定的區域，其實反而是個投資的潛力區，不一定只有「都心才是王道」。尤其是武漢肺炎疫情爆發過後，讓更多人思考是否應該搬到市郊生活。換個角度想，如果你是在地人，又很了解自己在地居住地方的環境變遷，那，不投資還真的很可惜，因為你比起外來投資客，更了解這個地方的市場，當然成功的機會就比別人高很多。因此到底買都心的公寓大廈好，還是投資市郊的一棟木造公寓好，就留給各位自己思考！

3-4

合理房價

～這間房子值多少？教你這樣算！

無論是自住還是投資，買房最關心的，無非就是如何買到漂亮的價格了。但前一陣子台灣人瘋買日本房的那段期間，我時不時就會聽說，又有人簽約了之後才發現自己買貴而懊悔不已的事。而且很奇怪的是，這些人都不是簽約之前做功課，都是在簽約之後，對於自己所購買的房屋產生興趣，仔細研究後才發現自己買貴了的事實。

這一篇，我們就來看一下，如何抓出你想購買房產的合理價！

鑑價三手法

合理價怎麼計算呢？房仲或者是不動產估價師在做房產鑑價時，會使用「比價法」、「原價法」、以及「收益還原法」三種手法。一般而言，最理想的方法就是同一個物件分別使用三種手法計算，然後再從這三種價格當中，取得一個平衡。不過因為各種手法都有一些我們一般消費者難以取得的資訊，因此大部分會算到這麼細的，都只有不動產估價師。

我們作為一般消費者或者一般的房仲業者，多半都是依照物件的性質，從中取一作為參考，再以物件本身的特點與自己的經驗值來做一些微調整。公寓大廈類的區分所有權物件或者是土地，多半採用「比價法」；投資型的產品，無論是整棟產權還是區分所有權物件，多半採用「收益還原法」；至於獨棟透天，則有些房仲會使用「原價法」來估算。

一、比價法：

「比價法」，顧名思義，就是拿出週遭類似產品的成交價，在考量其個別的要因、地域的因素，有沒有急售而導致行情過低，或者急著買導致行情過高等因素之後，再推算出一個合理的價格。

如果是預售屋或新成屋，可以多跑幾個案場、比較附近其他雷同新建案的開價情況。但如果是中古屋的話，可以請你的仲介使用他們公司的 REINS 系統，幫你查詢周遭的成交狀況。

「REINS 網站是什麼？」

還記得本書於「2-2　媒介契約」一文中有提到「不動產業者接到專任媒介契約時，需要將資訊登錄到指定流通機構 REINS 網站」一事嗎？其實業法還同時規定，一旦物件成交，仲介業者必須立即回報成交的價格以及成交的日期，因此全國的仲介業者都可以透過這個網站，來查詢其他同業所回報的成交價位。可惜這個網站並沒有一般公開，僅限業者使用，因此業者可以掌握到比一般末端消費者更多的資訊。

REINS 其實也有設立一個給一般大眾查詢的網站，但只能查詢到大概的成交單價，並不會像業者查詢到的情報那麼詳細，不會顯示房屋總價以及正確的坪數，只會顯示單價以及大致上的坪數。

●一般公開的 REINS 實價登錄網站：
http://www.contract.reins.or.jp/search/displayAreaConditionBLogic.do

除了 REINS 以外，日本的國土交通省每年都必須發表「公示地價」，因此在物件成交後，國土交通省也都會發函給物件取得者，要求回報成交價，以利公示地價的判斷。不過這也只不過是「問卷調查」的形式而已，並沒有法律上的約束力。因此許多買方並不會回報。國土交通省亦有公開成交價的登錄網站，但給的面積也只是概略的面積，且金額以百萬（便宜的物件以十萬）為單位，沒有很精準。

●國土交通省的實價登錄網站：
http://www.land.mlit.go.jp/webland/

日本的不動產交易，並沒有外界想像中的透明。兩個實價登錄網站，都無法做到百分百。但若能充分利用這裡面的資訊，再加上房仲提供給你的成交價，也能夠進一步地使用「比價法」摸索出你想購買房屋的合理價。

二、收益還原法：

「收益還原法」，指的就是計算出某個物件「將來有可能產生出來的收益，其現在價值的總和」。簡單來說，就是從「投報率」去回推房價（價值的總和）。

一個投報率 8% 的物件，代表這個物件，一年可以生出來的房租為房價的 8%。若這個物件一年的房租可以收到 100 萬日圓，那回推房價就是 1,250 萬日圓（100 萬年租金 ÷8%

投報率）。

●年房租收入（R×12 個月）÷ 投報率（Y）＝購屋總價（P）

100 萬（年租金）÷ 投報率 8%（0.08）＝ 1,250 萬（房價）

這個計算方法我們已經在「3-2　投報率」當中詳細解釋過，就不再贅述。

收益還原法所算出來的房價，是從收益性的觀點，以「此區域合理的投報率」所推算出來的房價，雖然此手法非常適合投資型產品，但光是從投報率來推測房價，並無法如實反映某個產品的個別要因。例如這房屋是否有裝修？是否採光好通風佳？因此齊頭式地一刀切，將同一區域的產品全部都套用同一投報率是不太合理的做法。還是得斟酌物件本身的條件以及狀態。

三、原價法：

「原價法」顧名思義，就是計算「如果蓋出一棟一模一樣的新建物，需要多少錢」。在計算出新建物價格之後，再「計算折舊」，隨後加回「土地價格」。

中古屋原價計算方式＝「新建的建築成本 × 折舊」＋「土地價格」

這種手法多使用於評估整棟產權的大樓產品。不過這種計算方式對於一般消費者來說，難度相當高。除了要有辦法判斷建地的地價、容積率、建蔽率以外，還要精算出各種營建成本以及裝潢設備的成本，最後再看你的物件是幾年屋，把折舊部分也算進去，十分複雜。

這裡，我們僅稍微介紹一下一般消費者會購買的「獨棟透天」產品，並以日本國稅廳所提供的「建築單價表」以及「耐用年限表」（※ 註：建造成本每年都不同，請自行上國稅廳查詢最新資料），來做簡易的計算。

- 木造獨棟透天
- 屋齡 5 年
- 土地 80 ㎡
- 建築面積為 90 ㎡
- 位於東京都豐島區目白 3 丁目

「上述這棟中古屋，若以原價法來計算，大概值多少錢呢？」

首先，先來計算建物的部分。從國稅廳的建築單價表中可得知，令和 3 年（2021 年）東京都的木造建築單價為 17.6 萬日圓（詳見附表），自住用的木造建築耐用年數為 33 年（詳見附表）。套入公式後，就可得知這棟物件的建物部分目前的價值：

●建物價值：每㎡建築單價 × 建物面積 × 折舊（1 －建築物屋齡／耐用年限）

17.6 萬 ×90 ㎡ × 折舊（1 － 5 年／ 33 年）＝ 1,344 萬

算出建物折舊後的價格為 1,344 萬日圓，但這只是建築物 5 年屋的價格而已，房地產除了「建物」以外，還包含「土地」，因此必須再算出「土地」的價格。

土地價格可以使用前面提到的「比價法」，來比較出周邊行情，進而算出每㎡的單價。如果附近近期沒有物件成交，無地可比，亦可使用「路線價」來推算。

所謂的「路線價」，指就是國稅廳用來計算贈與稅以及遺產稅時的土地價格，全國的路線價皆可在日本國稅廳的網查詢到。一般來說，路線價約為市價的八折，因此只需要推算回去（路線價 ÷80% ≒市價），就可得到接近市價的數字。

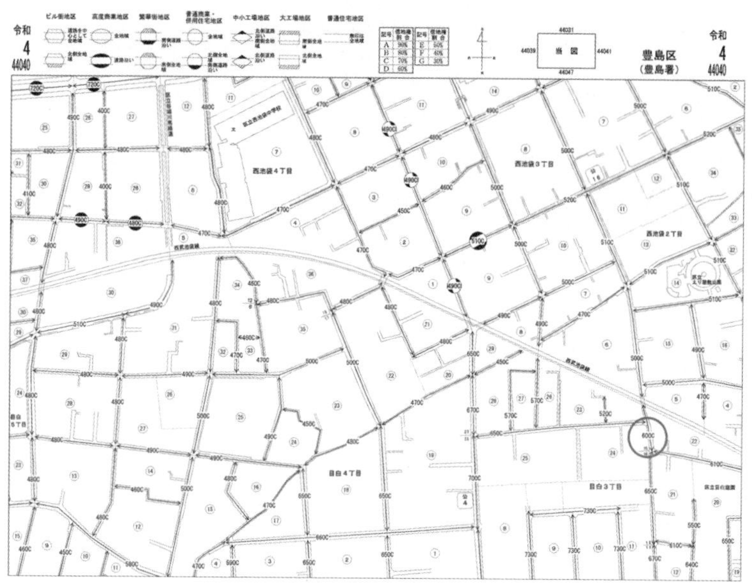

●路線價查詢網站：

https://www.rosenka.nta.go.jp/

假設查詢到此土地周邊的路線價，單價為 60 萬日圓，那麼回推市價就是 75 萬日圓（60 萬 ÷80% ＝ 75 萬），80 ㎡的土地當然就是6,000 萬日圓（75 萬 ×80 ㎡＝ 6,000 萬）。

●土地價值：路線價㎡單價 ÷80%× 土地面積

60 萬 ÷80%×80 ㎡＝ 6,000 萬

土地跟建物的價格都算出來了之後，最後只需要將「1,344 萬日圓的中古建物」與「6,000 萬日圓的土地」加總，就可以得知以原價法計算出來的價位為 7,344 日圓。

●建物 1,344 萬日圓＋土地 6,000 萬日圓＝總價 7,344 日圓

有一點需要特別注意的，就是國稅廳所公佈的「路線價」以及「建築單價表」，由於是前一年度的統計數據，因此屬於落後指標，並無法真實反映「當下」的價格。使用「原價法」推算合理房價時，亦要將這一點納入考量。

以上介紹的三種鑑價手法，是目前不動產市場的主流。雖然說這三手法所算出來的價格只是「理論值」，但至少可提供一個可供參考的價格，才不會屋主亂開高價你也買，或者買方無所本亂砍價，搞到大家都不爽。

均價無意義

使用「比價法」比價時，有一點需要特別留意。我們台灣的朋友常常會說，區域行情價，就是一坪多少萬多少萬啊！然後把豪宅跟旁邊的一般住宅拿來比價。台灣房地產，還是脫離不了「均價」的觀念。不過說實話，「均價」就只是個平均值而已，在日本是行不通的。每個產品規劃不同，使用的內裝不同、等級不同、當然單價也就差很大。

講個最常見的例子。同一個區域，一棟剛完工不久的塔式住宅，裡面有豪華大廳、游泳池、溫泉等共用設備，專屬室內空間可以看到一望無際的星空夜景，那它很有可能 1 ㎡的單價要價 130 萬日圓。但在它隔壁走路不到兩分鐘的地方，只是一般華廈、屋齡已經 20 年了、沒有夜景、沒有豪華大廳。那它的成交價有可能 1 ㎡只需要 70 萬日圓。價差甚至高達將近一倍之多。這就是產品不同，價位也不同。因此你拿隔壁的 70 萬日圓成交價，去跟建商殺價，說這是比價法，叫他賣每平米 70 萬日圓，你只會被當作是神經病而已。因此比價法，一定得拿「類似」、「相同等級」的產品相比，不能拿小套房比豪宅，「X X 比雞腿」。如果真的沒有相同等級的產品可以相比，也必須考量兩者之間的差異性，進行「手動補正」！

頂級住宅與豪宅

我們之前於 1-7 所介紹的「頂級住宅」或者是「豪宅」，使用這三手法來鑑價時，也要特別留意產品本身特殊性的問題。頂級住宅與豪宅有別於一般商品，它除了有一般不動產都有的「收益性」以外，它還可以滿足有錢人的「炫耀性」。且符合「珍、稀、絕」的頂級住宅，其價值等同於藝術品、蒐藏品。因此你跟屋主說：「隔壁那公寓單價才多少，你賣這麼貴？（比價法）」、「阿你這租出去，投報率才 2% 阿，房價再便宜一點，拉高投報率我才要買！（收益還原法）」，或者「阿你這成本才多少，都折舊十年了還賣這個價！？（原價法）」，這樣你大概率會被屋主轟出去。

附表：

●各區域不同構造之建築費用每㎡單價表（令和三年，單位為千日圓）

	木造	鋼骨鋼筋混土構造（SRC）	鋼筋混凝土構造（RC）	鋼骨結構（SC）
全国平均	172	268	260	250
北海道	182	622	260	250
青森	172	268	260	250
岩手	180	268	260	250
宮城	172	279	274	250
秋田	172	268	260	250
山形	176	268	260	250
福島	177	633	260	250
茨城	172	268	260	250
栃木	172	268	260	250

群馬	172	268	298	250
埼玉	172	358	261	254
新潟	180	268	260	250
長野	193	268	264	250
千葉	172	269	268	253
東京都	176	338	320	298
神奈川	172	268	299	275
山梨	186	268	294	250
富山	183	268	260	250
石川	180	268	290	254
福井	175	268	260	250
岐阜	172	323	260	250
静岡	178	268	260	250
愛知	173	268	260	260
三重	184	304	260	250
滋賀	172	268	261	250
京都	174	268	260	264
大阪	172	297	260	250
兵庫	172	268	260	250
奈良	172	268	260	250
和歌山	172	268	260	252
鳥取	181	268	260	250
島根	178	268	260	250
岡山	185	268	260	250
広島	172	268	260	250
山口	180	268	260	250
徳島	172	268	260	250
香川	186	268	260	250
愛媛	172	268	260	250
高知	184	268	260	250
福岡	172	268	260	250
佐賀	172	268	260	250
長崎	173	268	260	250
熊本	175	312	260	250
大分	172	268	260	250
宮崎	172	268	260	250
鹿児島	173	268	260	250
沖縄	178	268	260	253

引用自國稅廳網站：https://www.nta.go.jp/taxes/shiraberu/saigai/h30/0018008-045/07.htm

●建物耐用年限表

構造	事業用	自住用
木造、合成樹脂造	22 年	33 年
鋼骨（厚度 3mm）	27 年	40 年
鋼骨（厚度 4mm）	34 年	51 年
石造、磚造	38 年	57 年
鋼筋混凝土	47 年	70 年

3-5

收益遞減法則

～裝潢越貴，租金越高？

當你買房子來收租時，你會花多少錢裝潢呢？

雖說購買日本一般公寓大廈型的產品，建商就已經連帶裝潢都做給你了，但如果你是買屋齡有點舊的中古屋、或者是整棟的收租公寓，可能還是得面臨花錢重新裝潢的問題。如果你是個精打細算型的房東，你可能會極盡所能地節省成本，讓進入自己口袋的現金極大化。但如果你是個大家長型的房東，認為房客就像自己的孩子一樣，應該好好照顧，那你也許會把房內的設備都升級成最好的、床墊還用席夢思的，讓房客住得安心，你也開心。

但你知道嗎？並不是裝潢成本花越多，你收到的房租就會成等比例地增加喔。

從收益遞增到收益遞減

經濟學上，有所謂的「收益遞減法則（The Law of Diminishing Returns）」，這個概念運用在不動產上，也與你的獲利息息相關。所謂的收益遞減，指的就是「你對於某項投資，投入的人力或資本越是增加，所獲得的回報幅度會越來越小」。

舉個例子來說：如果你是一間農場的老闆，而你只有雇用一名員工，此時，你在一次的收割期可以收割 50 顆高麗菜。若你多增加一名員工，變成兩人，在兩人通力合作、相輔相成之下，則可望收割至 150 顆高麗菜。也就是說，多增加了一名人力，所獲得的成果卻不只有一倍，而是 1.5 倍。這樣的現象，就叫做「收益遞增」。

然而，當你的生意風生水起，農場的規模越來越大，成長到了 30 人之後，這時，收獲期所能夠收割的高麗菜可能就只有 2,000 顆（一人平均只有 67 顆）。也就是說，超過了一定規模以後，多增加一位員工所增加的生產力，遠遠不如當時一人變兩人時增加得這麼多。甚至有可能你顧用的人越多，大家互相扯後腿，導致每個人平均的生產量還不增反減，這就是「收益遞減」。

一個員工：50 顆高麗菜

兩個員工：150 顆高麗菜（平均一人 75 顆）

三個員工：220 顆高麗菜（平均一人 73 顆）

30 個員工：2,000 顆高麗菜（平均一人 67 顆）

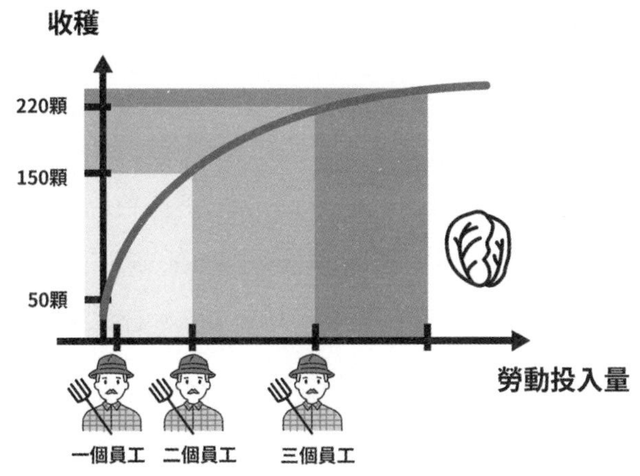

裝潢過度導致收益遞減

房地產的投資亦然。

以賣掉中古屋時，有沒有重新裝潢為例：假設你有一間 2DK（兩房沒有客廳只有餐廳的老舊格局）的房屋，儘管你這間中古屋的屋況保持良好，但經年累月導致壁紙泛黃、地板也已經看得出年紀，這樣的房屋，可能就只能賣到 3,800

萬日圓。

但如果你花個 50 萬日圓把室內的壁紙跟塑膠地板（クッションフロア）重貼，讓室內看起來乾乾淨淨的，就有可能賣到 4000 萬日圓。也就是只花了小小的 50 萬日圓，可能就有讓房屋可以多賣 200 萬日圓的實力。

如果你再花更多錢，比方說花個 350 萬日圓，把廚具以及衛浴設備全部換新，格局改成比較符合現代格局的 1LDK（一房一廳），可能就可以賣到 4,500 萬日圓，多賣個 700 萬日圓，因為它所有的設備都是新的、看起來就像是新屋、格局也比較符合現代人的使用。

不過你有沒有發現，花 50 萬時可以創造多賺 200 萬的效果，但花350萬時，卻無法創造7倍（50萬→350萬，7倍）的效果，也就是無法多賺 2,000 萬，頂多就是多賺 700 萬而已。這就表示你所投入的資金效用，已經開始遞減了。

如果你在裝潢時，把它當自己要住的房屋在做，所有的設備都使用最好的、衛浴也做成自動循環加熱系統以及附有蒸氣室功能、廚房也要全部貼大理石、地板也要全部用木質地板做地熱系統，這時你所需花費的裝潢成本，可能就會高達 800 萬日圓。

但因為房屋，在一個區域是有一定的行情價的。若你的房屋不屬於頂級住宅，那即便設備用得再好，要賣高過於行情價太多是不太可能的。也因此，即便你花了 800 萬日圓裝潢，可能到時候頂多就是賣到 4,700 萬日圓。對比你多投入的450萬日圓（800萬－350萬），增加的收益就只是從4,500萬增加到 4,700 萬，只有多 200 萬而已。

- 投入 50 萬換壁紙塑膠地板　：3,800 萬→ 4,000 萬（獲利多 200 萬）
- 投入 350 萬更改格局換設備：3,800 萬→ 4,500 萬（獲利多 700 萬／比上面多 500 萬）
- 投入 800 萬使用頂級配備　：3,800 萬→ 4,700 萬（獲利多 900 萬／比上面多 200 萬）

因此，要如何拿捏裝修的尺度，使利潤達到最大，是進行投資裝潢很重要的一點。

結論

前面的章節曾經介紹過所謂的「1-10　老屋翻新」房。日本現在因為新成屋價位高漲、供給減少，因此很多不動產業者也都加入了「買取再販」的事業，賣起了老屋裝修宅。具體做法就是買進狀況不好、便宜的老屋，將其重新翻修徹底改造之後再加價賣出。因此對於業者而言，必須要了解收益遞減法則，才能讓這筆投資利益最大化。

如果你的房屋只是拿來出租的，則更是要注意收益遞減的法則。室內裝潢只需要有基本配備、乾乾淨淨，就可以租個好價錢。反倒是使用過於頂級的設備，房租也不會增加多少，畢竟租客對於價位是很敏感的，多個幾千塊日圓都會斤斤計較。只不過，有些郊區屋或者是供給量過大的區域，房屋本身就很難找到租客，在那樣的區域，如果屋主沒有使用更好的設備，做到差異化來吸引租客，可能就只能空著養蚊子了 ...。

3-6

贏家詛咒

～對，你買就是比較貴！

不知道各位讀者有沒有在網路拍賣買過東西的經驗。網拍，就是出價最高者得標。也就是說，一樣東西，如果你的對手出了 5,000 日圓，你就必須要出 5,250 日圓（系統設定 250 日圓加價）才有機會得標這個東西。但如果在最後關頭，你不出到 5,250 日圓，你的對手就可以用 5,000 日圓標得此物。換句話說，你等於是「買貴了」。這在經濟學中，就叫做拍賣與贏家的詛咒（Auctions and the winner's curse）。

你想買，就是比較貴！

買房時，其實也是相同的道理。一間開價 1 億日圓的房子，如果你向屋主殺到 9,500 萬日圓，而且也只有你一個人出價，那就有可能會成交。但如果這間房子很搶手，不只你一個人想要，同時有兩個人以上向屋主出價斡旋，這時，如果你們兩個都出價 9,500 萬日圓，也許到最後買到的，就不是你，而是你的競爭對手。

原因有很多：有可能只是你的對手看起來比較帥、剛好是屋主的菜，也有可能是你的對手任職於全球五百大企業，屋主覺得賣他，貸款肯定下得來，不會遇到貸款下不來而契約解除的情況（※ 註：參考「2-5　購屋流程」）。當然也有可能你的對手就是個富二代，根本不用貸款，但你需要貸款 ...。也就是說，如果你真的想要買到這間房子，你就勢必得加價到 9,650 萬日圓或 9,700 萬日圓，讓屋主選擇賣你，你才買得到。但此時只要你決定不買，你的競爭對手就可以用 9,500 萬日圓買到。也就是說，你會買得比你的對手還貴！

那究竟遇到這樣的情形，還應不應該把這個物件買下來呢？這個問題的確很惱人。你不妨可以用下面的角度來思考看看：

「投資」時，中了贏家詛咒怎麼辦？

如果你的目的是「投資」，而你看好這個物件以及這個地方的未來，也認為將來這個物件可以賣到更高的價錢，例如有機會賣到 1 億 2 千萬日圓之類的，那貴個 200 萬日圓又何妨？你沒進貨，將來就沒貨可賣啊！但，如果這個區域的供給量很大，即便這間沒買到，你也覺得往後周遭應該會有相同等級的產品會再釋出，那或許不去硬著頭皮高價買，下一個出來的物件搞不好更棒也說不定。

我曾經認識一個大老闆，他在 2013 年時，以 36 億日圓買下澀谷區的一棟大樓。換算單坪價後，足足比市價貴了 10%。當時所有的業者都笑他笨，但他自己心理清楚明白知道，如果當時他沒有以溢價 10% 的價格來取得這個物件，他是買不到的。因為當時他的競爭者太多，而他又只是個外國人 ...。結果，到了 2017 年，他以 45 億日圓的價位將這個物件賣掉了。當初那些笑他笨的人，全部跌破眼鏡 ...。

另一個反面的例子。我認識的一名台灣散戶投資客，在 2013 年時，參加了一些看屋團後，就在新宿區買下一間 3,800 萬日圓的收租小套房。然而這樣的產品，在當時頂多就是 3,200 萬日圓而已，而且新宿區什麼最多？就小套房最多啊！因此那個物件完全不具有稀少性。結果，到了 2022 年現在，還是繼續套著賣不掉 ...。

「自住」時，中了贏家詛咒怎麼想？

那如果你的目的是「自住」，你也很喜歡這物件周遭的環境，也覺得這就是你心中的理想屋，那麼貴一點又何妨？房屋這種東西，每一間都是獨一無二的，在這世界上不存在另外一間「完全一模一樣」的房屋。即使是同一棟大樓的隔壁房間，也難免會有些微的差異，例如採光、看出去的景觀、太陽照進來的角度、甚至連「風水」都不太一樣。用 200 萬日圓，就換得你往後好幾年快樂幸福的人生，非常值得啊！但如果你真的也沒那麼喜歡，就將它讓給有緣人吧！

其實我自己本身購買現在自住屋時，也中了這個詛咒。當時我客觀分析了這間房子，對應了我的生活習慣以及自己的個性後，知道這間房子非常適合我。於是我「機關算盡」，利用 3-4 所提到的估價三手法，估算出這間房子當時的合理價應該落在 9,800 萬日圓左右。但屋主開價 1.1 億日圓，很明顯偏高。

負責的業務人員說房子很多人在看、房子也才剛拿出來賣，屋主也不想讓人殺價之類的。這種屁話我當然是不會全盤盡信，於是我展開了實地調查，在房仲業者不知情的情況之下，我跑到了現場附近蹲點多次，還真的發現「非常多組」

客戶來看房。當下我就明白了，我的潛在競爭者應該很多，硬要買，一定會中贏家詛咒。但這間房子如果我錯過了，大概往後也很難再遇到這麼適合我的物件了（一來，我買不起更高檔的。二來，我想買的區域有哪些物件我也摸得很清楚了），因此當下我做了一個連我自己都不敢相信的決定：直接跟屋主用原價買下！（對，就是貴了 1 千 2 百萬日圓！）

我們先別管這間房子之後又漲了多少錢，但至少我這幾年來，住在裡面天天都過得非常快樂開心 ...。

3-7

機會成本

～日文老師與大老闆的抉擇

相信各位應該都聽過「機會成本」這個詞。如果問一般人，在台灣讀研究所的「成本」是多少？大概多數的家長會想到的都是兩年的學費，約新台幣 20 萬元左右。因此家長會認為，讀研究所的「成本」就是 20 萬。

但其實對投資理財較為敏感的人，並不會這樣想。如果這個學生選擇不去讀研究所，而是直接出社會工作，或許可以找到一份年薪 30 萬元的工作，兩年就是 60 萬。在此，租屋費與生活費不計算，因為無論讀研究所還是工作，這筆錢都是必要的花費。也就是說，若這個人選擇了念研究所，其實他的成本並不是 20 萬，而是學費的 20 萬 + 加上損失掉的工作可能的所得 60 萬＝ 80 萬。這就是「機會成本」的概念。

不懂機會成本的日文老師

房地產投資，「機會成本」這個概念也相當重要。我曾經認識一位在外面自己開班授課的日文老師，他花了新台幣一千多萬元在台北買了一間全新的住辦混合的區分所有權辦公室，當作教室來教書用。（※ 註：置入性行銷一下。我移民日本之前是日文老師，近年亦出版了多本暢銷日檢學習叢書，有需要的讀者可以查詢『穩紮穩打！新日本語能力試驗』系列喔。）

他買的這間辦公室，如果是出租給一般的公司行號使用，一個月可以收取約新台幣 2 萬 5,000 元的房租。雖然他在自己買的房子裡教書，不需要付房租，但其實相隔一條街的不遠處，舊一點的住商混合大樓，面積相當的辦公室，大概就只要租金 1 萬 8,000 元左右。也就是說，他大可把自己買的房子租掉，拿 2 萬 5,000 元的房租再去租 1 萬 8,000 元的教室就好，這樣每個月就可以賺得新台幣 7,000 元的價差。但他卻不這麼做，想要自己使用，也就是這樣的決定，讓他每個月都平白無故損失了 7,000 元的機會成本。換算成他的鐘點費（一小時約新台幣 500 元），他每個月都必須多教 14 個小時才賺得回來。

他當時打的如意算盤是，過幾年房價如果有漲就賣掉，賺個幾百萬的價差。無奈之後房市反轉，放了好幾年都賣不掉 ...。也就是說，他不僅沒賺到價差，還損失了這幾年可能累積下來的，將近新台幣 50 萬元的租金機會成本 ...。

精算機會成本的大老闆

再舉一個在日本買房的例子。我認識某個大老闆，先前買了一個附近房屋供給量還蠻大的某塔式住宅。雖然這幾年房價有漲，但其實漲幅不大。別的地方可能漲了 30%，但他買的物件才漲 15% 左右，也就是「個股跑輸大盤」的物件。

根據他的說法，他認為這個區域，將來潛力無限、後勢看好，畢竟一個重畫區新市鎮要等它成熟，也要個十來年。

於是我問他：「所以你買的那個物件要繼續抱著嗎？再等個十年再賣嗎？」他說：「不！雖然我還是很看好這個區域，我也認為以後這個地方一定會發展起來，但我現在要獲利了結，落跑了。」

我接著繼續問他為什麼？他答道：「如果還要十年，即便房價漲 50%，但損失掉的『機會成本』太大。就算十年後可以漲 50%（累積總報酬率 50%），年均報酬率也才 5%，若換算成年化報酬率更是只有 4.14%，那我倒不如趕快下車，把資金挪到更好的投資標的，挪到一年可以漲個 10% 以上、更有話題性的地方，又或者乾脆挪去做別種投資還比較好。」

他很了解，若選擇繼續抱著這個物件，會失去原本可以賺更多錢的機會，這就是機會成本的概念。你投資時，有考慮到機會成本的問題嗎？還是像買股票一樣，原本打算炒短，但套牢後就改口說是「長線投資」呢？

3-8

檸檬原理

～車市與房市的資訊不對稱

這篇，我們來談談中古「車」。

我們都知道，中古車有所謂的「行情價」。先假設兩年、行走過的里程數為兩萬公里的車，其行情價為 100 萬日圓好了。雖然有一個行情價在，但每一台車會隨著原車主使用的狀況不同，即便是同樣款式、年式、同樣的里程數，其「價值」也有可能會差很多。

假設有 A、B 兩台上述條件的車。A 車，它的前主人很愛惜它，而這台車在專業人士的眼光來鑑定，可能可以賣到 200 萬日圓。另一台 B 車，它的前主人是一個有中二病的 8+9，時常飆車、又不愛惜它，因此機械嚴重折損，可能再開個幾次就會報廢，或者是要修東修西的。這樣的車子，價值其實根本連 10 萬日圓都不到！問題來了。你認為，哪一台中古車對於車商來講，比較好賣呢？對的，你猜對了！就是爛車 B 車比較好賣。原因很簡單，因為消費者跟業者之間存在著「資訊不對稱」！

定錨效應

無論是 A 車還是 B 車，因為這樣子年數跟里程數的車子，在中古市場的「行情價」就是 100 萬日圓。消費者廣為認知且接受這個價位，因此產生了「定錨效應（Anchoring Effect）」。在中古車買方的腦袋裡面，這樣的車子就是 100 萬日圓。雖然賣中古車的業者知道 A 車是好車，真實價值高達 200 萬日圓，但「消費者並不知道」。因此，即使業者把 A 車掛牌賣 200 萬日圓，也不容易賣掉。因為大部分的消費者不懂 A 車的「真價值」。

但相反的，如果業者把爛車 B 車拿來掛牌賣 50 萬日圓，很快就會賣掉。因為即使專業的業者知道這台 B 車根本就是破銅爛鐵，連 10 萬日圓都不值，但問題是，「消費者並不知道」。當消費者看到售價 50 萬日圓的標籤時，馬上就整個心花怒放，眼睛都亮了！會直覺覺得這台車很划算，很心動，然後就馬上行動⋯。

資訊不對稱

像是 A 車這樣的好車，在美國中古車市場，就稱為「蜜桃車（Peach）」；而像 B 車這樣的爛車，在美國中古車市場，就稱為「檸檬車（Lemon）」。對於消費者而言，當然是買蜜桃車才是好的，因為物超所值。但對於業者而言，反而是檸檬車才是好賣的貨，因為買的人不懂差在哪裡，會因為便宜而買。這也就是專業的業者跟一般人之間的「資訊不對稱」所致。

同樣的，如果你是要賣中古車給車商的那兩位前車主呢？

賣蜜桃車的優良 A 車車主多半會吃虧，因為業者知道這種車不好賣，他們不會笨到用高額 200 萬日圓跟你收購，一定會殺到低於它原本的價值，因為業者知道這種好車，要賣 150 萬日圓都很困難。但反而是要賣檸檬車的那個中二 8+9，即使他的車子被他操到快要變廢鐵，但因為這種東西好賣，因此業者會積極地想辦法買進，甚至會用比它原本的價值更高的價值，例如 20 萬日圓之類的來買進，因為這種東西有利可圖，可以賣到 50 萬日圓。

	真價值	業者買進	業者賣出
蜜桃車（難賣）	200 萬	120 萬	150 萬
行情價（定錨）	100 萬		
檸檬車（好賣）	10 萬	20 萬	50 萬

就是因為這樣的業界結構，導致整個中古車流通市場都充斥著爛車。這就是經濟學家喬治．阿克洛夫於 1970 年提出的「檸檬原理」（Lemon Laws）。

房地產中的資訊不對稱

疑？這本不是「日本買房」嗎？主編剪下貼上貼錯原稿了是不？當然不是。因為其實中古屋市場，也是存在著這樣的「資訊不對稱」！

台灣有專業買來轉賣的投資客，日本也有許多「買取再販」的業者（※ 註：請參考「1-10　老屋翻新」）。對於這些本來的目的就是買來轉賣的人而言，你覺得他們會買檸檬屋來賣，還是買蜜桃屋來賣呢？當然是「便宜買檸檬屋」來賣，才有獲利空間啊！

大部分的消費者，買屋只會看地段跟價位，心裡會建構出一個區域應有的行情價。但每個物件有好有壞，價值不可混為一談。儘管兩個物件屋齡相仿且比肩而立，但管理良好、修繕維護良好以及好格局、好建材的蜜桃物件，價值當然來得比管理鬆散、爛格局爛建材的檸檬物件要來得有價值。但大部分的消費者大多不具備判斷哪個物件是蜜桃、哪個物件是檸檬的能力，以至於「買取公司」跟「投資客」會去買檸檬爛物件，再加價轉售給一般消費者。

記得有一次透過 YouTube 看到台灣的新聞採訪片段，台灣的某知名投資客就直接在訪談中說「他只買凶宅跟爛物件，因為才有獲利空間」，道理就是如此。祝各位買到你心目中的蜜桃物件。

3-9

匯差避險

～日圓跌跌不休，如何避險？

日圓匯率跌跌不休，兌換新台幣的匯率，從 2012 年的 0.38、掉到 2013 年的 0.32、2014 年的 0.27、2015 年的 0.25、至 2022 年 0.22，則是跌破了 30 年來的新低價位，也就是說，這 10 年來，日圓兌台幣就跌掉了 40% 的價值 ...。

也就是一間 1,000 萬日圓的房屋，假設這十年來房價都沒有變動，對於持有新台幣的人而言，它從新台幣 380 萬元，跌到只剩下新台幣 220 萬元了。對於還沒來日本置產的人而言，看似打了 6 折，不過如果站在已經在日本買房的人的角度來看，就等於虧掉了 40% 的房價。

自 2022 年美國升息以來，日本還是持續著不變的低利政策，也因此兩國之間的利差逐漸擴大，導致日圓兌美元持續下探。甚至還有些專家喊出美元兌日圓的匯率會來到 1：150...。

看空日圓，怎麼操作？

如果你害怕日圓續跌，但又怕以後房價漲上去，一跌一漲兩者剛好抵銷，那麼有什麼好的避險方式嗎？當然有的。第一種方式就是「購買預售屋」，先把房價鎖住，且由於是預售屋，可以延後付款，等過了一、兩年後差不多要交屋了，就可以用更便宜的日圓去承接。

第二種方式，則是學習股票借券放空的方式，來「借日圓放空」：「買房子的錢，先跟銀行借日圓。等到日圓跌得更便宜以後，你再買進便宜的日圓來還銀行」。除此之外，也有另一種換湯不換藥的方法：就是如果你有新台幣或美元定存，你也可以拿定存單，向銀行質借日圓來購屋，等到日圓跌更深後，再還銀行便宜的日圓。

不過使用上述這些方法也不是完全沒有風險，只要日圓不跌反漲，你就會像股票放空被「軋空」一樣慘賠。畢竟現在的日圓匯率是歷史相對低點，雖然很多專家持續看空，但接下來會持續下跌還是反轉上揚，實在很難說得準。如果日銀哪天突然改變了策略，讓現在兌台幣 0.22 的匯率，反彈到 0.26 的價位。那麼，以一億日圓來計算的話，你就是賠了 400 萬新台幣。

此外，借日圓是會產生利息以及一些手續費用的。如果匯率的價位一直遲遲無法掉到你的目標價位，那麼隨著借款期間越拖越長，你所負擔的利息也會隨之累積增加。因此現在這個時機點，是否適合使用此方式，算盤可得好好地精打細算一下了！

這一篇，就讓我佔一下篇幅，以說故事的方式，來跟各位讀者朋友分享一下一則看起來很像業配文，但真實是我朋友實際的操作案例吧。

說故事，超完美換屋計畫

時機，有時候可以改變一個人的一生。不過也要具備抓準時機的眼光，以及放膽去衝的行動力。不知道該說他是運氣真的很好，還是慧眼獨具。我這位朋友，運用了一些投資技巧（當然也碰上了好時機），買到了一間將近原價半價的房子！

時光倒轉回 2007 年金融海嘯前。這間位於新宿區的房子，是塔式住宅的頂樓。在日本，這種頂樓的產品往往都會做成較高級的房型，用的建材跟設備也都會比其他樓層棒，因此它的單價也很高。它大小超過 100 ㎡，可以說是很高級的產品。

這間房屋剛建成時，售價為 1 億 8,000 萬日圓，以當時 0.27 的匯率兌換，就是新台幣 4,860 萬元。2009 年爆發了金融海嘯，日本不動產狂跌 30 ～ 40%，這間頂樓的高級房也慘跌到剩下 1 億 1,000 萬日圓。但由於當時國際避險資金湧入日本，讓日圓兌新台幣的匯率一下就暴漲到了 0.38，也就是一直到 2012 年底為止，這間房子換算當時的匯率，還是需要新台幣 4,180 萬元（1 億 1,000 萬日圓，匯率 0.38）。

2012 年底，安倍再度當上了日本首相，射出了「安倍經濟學」的三把箭，讓日圓兌新台幣匯率應聲跌到了 0.32，這一間塔式住宅的頂樓高級房，對於台灣的這位朋友而言，一下子就變便宜了好多，只需 3,520 萬新台幣（1 億 1,000 萬日圓，匯率 0.32）就可入手。

台北漲翻天，時機造英雄！

將鏡頭轉回台北。2008 年，當時台北精華區的房價也不過一坪 50 多萬新台幣。當時朋友辛苦攢下了 100 萬新台幣，並向爸爸「借」了 1,500 新萬台幣，咬牙在大安區買下了一間約 1,600 萬新台幣的自住屋。

由於 2009 年馬政府調降遺贈稅，讓海外資金大舉返台，短短 3 年內，就讓他那一間天龍國的房屋，房價硬是漲到了新台幣 2,500 萬元。這個漲幅，對於住台北的朋友們來說，應該不陌生吧。是的，2013 年，他選擇賣掉台北天龍國的房屋，換到東京新宿區的那間塔式住宅，只需要再補新台幣 1,020 萬元即可。（買進東京屋花費新台幣 3,520 萬元－賣掉台北屋回收的新台幣 2,500 萬元＝須補新台幣 1,020 萬元）。

對比原本東京這間需要新台幣 4,860 萬元的高價，他似乎真正出到的錢，只有新台幣 1,600 萬元（買大安區時的總價），再加上新台幣 1,020 萬元。也就是新台幣 2,620 萬元。整整省了約新台幣 2,240 萬元。那你問我，他賣掉台北的房子，台北屋有沒有繼續漲上去？當然有啊。不過，這就像是賣股票一樣，你賣掉時，永遠不知道它將來會漲會跌。

買了以後，繼續賺匯差！

如果你看到這邊，你就感嘆我朋友的運氣好，那你可就太小看他了。似乎他也蠻有財經頭腦的。因為當初日銀就是打算長期量化寬鬆，大家都看跌日圓，因此當初也有許多人一手做空日圓，另一手做多日股，等於避開了匯差的風險，但又確確實實地賺到日股從 8,000 多點，漲到 30,000 多點，整整三倍的漲幅。他，當然也學到了這一招。一方面也是因為他工作的關係，銀行願意借他錢。因此，他當初買屋時，貸款貸了約八成。也就是借了大約 8,800 萬日圓。

8,800 萬日圓，以當時 0.32 的匯率，等於新台幣 2,816 萬元。而他老兄在匯率 0.28 時，就把錢還清了。也就是 8,800 萬日圓，在匯率 0.28 時，只需要新台幣 2,464 萬元即可還清。等於是在日圓貴的時候，借較貴的 0.32 的日圓來買房，等到日圓變便宜了，才用 0.28 的匯率還銀行。這樣似乎又從中賺了新台幣 352 萬元的差價。也就是扣掉這筆賺的匯差後，他實際只花了新台幣 2,268 萬元（2,620 萬 -352 萬）就買到了。低於當初新台幣 4,860 萬元的半價啊！

雖然現在日圓匯率 0.22，如果他拖到現在才還清，可以賺更多。但就像我前面講的，你在匯率 0.28 的當時，永遠不會知道再過五、六年後，匯率會變成現在的 0.22，因此這樣想都只是馬後砲。更何況，多拖五、六年的利息成本也是很可觀的。而且換個角度想，他買這間 1 億 1,000 萬日圓的東京宅，也因為這幾年東京房價狂漲，增值了不少。當然，具體增值是多少，沒賣都不知道。不過，可以肯定的是，漲幅肯定是有超過日圓的跌幅。

這招還有用嗎？

故事中的這種手法，現在的環境已經無法如法炮製了。曾經聽說：在理財書上，介紹的成功手法，多半當你知道後，已經來不及實踐了，因為，時機已經錯過。現在台北應該買不到一坪新台幣 50 多萬元的房屋了，短期內也不太可能漲個三成。而且，現在日本房市大概短期內也不會有金融海嘯那種跌三成的情況出現。更何況，0.22 的日圓匯率還有多大的下跌空間？照做，會不會反而被軋空？

但本書於現在這樣的金融情勢下，還講述這個故事，目的只是想要告訴讀者，投資想要成功，並不是胡亂聽信 Line 群組，胡亂看 Youtuber 講得天花亂墜，胡亂按照書本上別人的經驗去做，而是平時得自己多做功課、增進自己的財經知識、武裝自己，等到哪天時機到來時，也要懂得看到它，掌握住它！

運用 DCA 法避險

例如，如果你對於投資理財有一定的涉略，那你應該就會知道什麼是「DCA（Dollar Cost Averaging）平均成本法」，那你買日本房時，就可以運用這招，來多少減損你將來有可能的匯損。

「平均成本法」，又稱作是「定期定額投資法」或「懶人投資法」。就是「針對價位時常會變動的投資產品，以固定期間分別買入相同價位的一種操作策略」。並且可以在自己所設定的價位區間內，「相對低檔時多買一些，相對高檔時少買一些」。進而達到分散風險的效果。

也就是說，買房的時候，即便你有現金可以全額買下，也盡量使用房貸別全額付清。這樣一來，雖然每個月償還的日圓金額是一定的，但長期下來，你每個月用新台幣換匯日圓的價位都不同，這就相當於運用了 DCA 法的避險方式來分散你購買大筆日圓的風險。並且適時在相對日圓相對低點時，多換一些日圓來大額還款，伺時機再決定何時要一次清償。

總之，就是自己腦袋裡要有知識，才有辦法為自己量身打造合適的投資策略！

3-10

套利交易

～五種在日本房市中賺價差的方法

相信熟悉金融運作的朋友們，對於「套利（Arbitrage）」一詞肯定不陌生。所謂的套利，指的就是投資者利用某項資產在「同一市場」或「不同市場」上，擁有兩種價格的情況，以較低的價格買進，然後再以較高的價格賣出，從中獲取利益的行為。像是現在日圓的利率低，就去借入低利率的日圓，再拿去投資利率較高的美元，以賺取其中的利率差，這就是典型的套利行為。

以套利為生的網路轉賣家

講日圓套利似乎有點困難，我們就來舉個較貼近現實生活的例子吧。日本現在有一種 APP，叫做「メルカリ（Mercari）」，非常火紅。主要是讓一般的人，可以將家中不要的物品簡單貼到 APP 上銷售，換取現金的跳蚤市場 APP。操作方式很簡單，只要將一個物品拍下照片，上傳後打上商品描述，再打上定價即可。如果有其他用戶想要，即可以直購價的方式購買此物品。

假設某偶像團體曾經出版過一張限量的 CD，這張限量 CD 很多人在找，如果拿去網拍，甚至可以拍賣到 5 萬日圓的高價。但對於某位將這張 CD 貼上 APP 販賣的賣家而言，它就只是一張聽膩了的 CD 而已，他也不知道這張 CD 的行情這麼好，因此放上去賣時，只賣當初定價的 7 折，2,000 日圓。想當然爾，PO 上去過沒一分鐘後，就被買走了…被識貨的「轉賣家（転売ヤー）」買去轉賣！

由於這個 APP 本來就不是拍賣形式的，因此不是價高者得，而是先搶先贏。因此日本現在有很多專門的「轉賣家」，天天盯著這個 APP，等著笨蛋的賣方便宜賣出，然後再拿去日本的雅虎拍賣，讓想要的紛絲競爭出價。到最後甚至可能以六、七萬日圓結標，這轉賣家就以這種套利的方式賺到了價差。

疑？難道粉絲們不會自己去 APP 撿便宜嗎？當然會啊。問題是，粉絲們要上班、要上課，怎麼可能每隔五分鐘就去刷一次 APP ？當然都搶輸這些幾乎 24 小時都在盯著 APP 的專業套利家團隊（當然，粉絲偶爾還是會搶贏專業套利家）。

了解了套利行為之後，接下來，我們就來聊聊日本的不動產，五種套利的方法。

一、「收益還原法」與「比價法」的價格落差套利。

大約在上個世紀 90 年代至 2000 年代這段期間，日本不動產的價格，正好是從「與周遭物件價格互相比較」之「比價法」主流，逐漸過渡到「以計算物件本身投報率」的「收益還原法」為主的一段期間。我們在「3-4　合理房價」也曾經學習過這兩種手法。這兩種手法因為邏輯不同，所以兩者所衡量出來的房價，也會存在著價差。

如果剛好遇到了房市上漲的時期，房價一直創新高，那麼物件之間互相比價的情況之下，以比價法算出的價格就會不斷創新高。反之，如果遇上了房市的下跌時期，房價一直破底，那麼周遭物件互相比價之下，價格就會一直往下掉。「比價法」並沒有反映出「物件本身的收益性」，而只是一味地比價，因此不是「越比越高」就是「越比越低」。

但「收益還原法」，主要就是從物件本身的收益性，來判斷其合理房價的手法。因此，若使用「收益還原法」的觀點來看，房價上漲時，就不至於會被亂漲的高價迷昏了頭而一昧追價，進而忽略了物件本身收益性其實沒那麼高的事實。房價下跌時，也不至於過度恐慌，將收益性良好的物件隨亂降價賣出。「收益還原法」可以反映出「物件本身的收益性」。

2000 年初期，正好是日本房價泡沫破裂後，跌到近谷底的時期。也由於當時日本的投資客以及房仲，都還不熟悉所謂的「收益還原法」，因此房價在「比價法」的影響下，越比越低價，才會跌到這麼深，變得物超所值。這時，熟悉「收益還原法」的歐美大型基金，就是因為看到了日本的不動產其「比價法」與「收益還原法」之間所存在的價格落差，知道中間有套利空間，因此大買特買，他們就這樣不費吹灰之力，幾乎不擔任何風險地大賺特賺。這就是利用不動產當中的「兩種價差」以及「資訊不對稱」所進行的、典型的不動產套利。但經過了多年的洗禮，現在日本房市也逐漸轉變為以「收益還原法」為主流後，這招套利方式就比較難實施了。

二、「空屋」與「帶租約房」的價格落差套利。

在日本，購買兩、三房以上的家庭房產品時，理論上「空屋」的價格，會比「有租客，帶租約賣（Owner Change）」的價格還要高。原因就在於有租客在裡面房子，你不能進去看屋，無法確認屋況的好壞，而且你買了以後，也因為借地借家法的保護，不能將租客趕走。也就是不能自用，只能繼續收租。至於「空屋」則是完全沒有這些問題，買之前可以進去自己確認屋況，買了以後還可以自己住。

而在日本，兩、三房的家庭房產品屬於是自住型的市場，而非投資型的市場，較少人會買這種自住型的產品來收租（因為想要收租的話有其他更好選擇），這點跟台灣很不一樣。因此如果屋主想要把自己出租中的家庭房賣掉，這種帶租約的房屋，勢必就得賣得比可供自住的空屋還要便宜，才會有人願意接手。

就因為上述的邏輯，同一間房屋，「空屋時」拿出來賣，價位會賣得比「出租時」還要高。也就是說，如果你買日本房的目的是投資，那或許可以找尋好地點、價位比同區段同等級空屋還要便宜的「帶租約出租房」。這樣，除了買的時候會比市價便宜以外，一直到租客退租之前，你都還可以穩定收取房租。等到哪一天房客退租後，你再將房子整理一下，以「空屋」的方式賣掉，就可以套利之間的價差。

我認識一名號稱東京不動產女王的集團大老闆，2021 年時，她正好獲利了結，處理掉了她手上的某一房產。由於身上有現金，因此她也開始找尋下一個投資標的。有一次我和她去喝咖啡聊天時，她說她看到一個精華地段的頂級住宅物件，才賣 1.5 億日圓。當時我們兩個就討論到說，以現在這個行情，怎麼可能賣這個價？原來它就是「帶租約賣」的房屋！

以 2021 年當時的東京房市，這樣的物件，基本上如果是空屋，這樣的價格應該是會被秒殺的。因此我們合理判斷，這個物件之所以還沒成交，就是因為它帶租約賣，無法自己使用。

真不愧是女王，出手快、狠、準！當我們喝完咖啡沒幾天後，就傳來她成交的消息。雖然不能自己住，但是至少她手上的閒置資金轉變成了可以為她帶來收益的資產。運氣很好的是，這個房客到了 2022 年中就退租了，女王也就順理成章地將室內重新裝潢，自己搬了進去。現在，女王買的那棟房屋，房價多少呢？她家樓上跟她差不多大小的，現在賣到 2.5 億日圓 ...。雖然說女王尚不打算賣掉，但這也算是利用「空屋」與「帶租約房」之間的價格落差，順利買到了便宜自住屋的成功案例！

「等等，那如果租客一直都不退租呢？女王豈不是要一直租給他，趕不走？」（※ 註：參考「4-3　借地借家法」）

是啊，的確趕不走。但他不搬走，這不是很好嗎？他一直租，女王就一直有租金可以收，都沒有空屋期，超穩定的投資，有什麼不好嗎？

三、「預售屋」與「新成屋」的價格落差套利。

日本人非常喜歡朝南的房屋，比較不喜歡朝北的房屋。相信這點，各位朋友應該時有所聞。不過你知道嗎？有個統計指出，塔式住宅（Tower Mansion）的價位，從預售時到中古屋時，朝南面向的房型，平均跌價 1.9%，但朝北面向的，平均卻漲價 11%。原因就是「日本人喜歡朝南，所以朝南面的房型，在預售時的價位，就會賣得比朝北面的還要貴」。

預售時，由於你沒辦法實際進到房屋內部感受屋內的感覺，因此很多人不知道，雖然房間是朝北方，但因為塔式住宅很高，周圍沒有遮蔽物，所以採光根本不成問題。反倒是朝南方的房間，會因為陽光會直接照射進來，反而讓人白天待在室內感覺太刺眼、不舒服。

但等到房屋完工後，購屋者就可以直接進入房屋內部，感受實際的採光，因此完工後，反而許多朝北的房型更受到購屋者的青睞，自然價位也就維持得比朝南邊的好。正因為預售時與完工後存在著這樣的價格落差，投資者可以在預售時期，買進相對便宜的朝北房型，等到完工交屋後，再賺個價差將其賣掉。

不過使用這種套利方式需要留意的是，日本的建商不像台灣這樣，會讓你在房屋完工後就換約，換手給你下一個買方。也就是日本不能玩「紅單轉售」的遊戲，你必須實際買下並過戶登記。而一旦實際買下後，就要留意短期轉售時的30% 讓渡所得稅。更何況，有時候建商給你看的預售屋模擬景觀或者是建築物外觀都美輪美奐，但實際交屋後才發現，景觀根本不如模擬得那樣漂亮，整棟的質感也普通。這時別說是套利，可能還會因為這些缺點都已經顯現，反倒賠錢售出也說不定！

四、起漲時間點的價格落差套利。

大家都知道東京房市現在是上升段的循環，但你知道嗎？上漲，並不是所有的地方都「同時上漲」，而是「輪流上漲」的。隨著每個地點購屋者組成的不同，房價上漲的時期以及幅度也都不同。

東京的不動產，起漲的順序為：「都心」漲完「城南」漲，

「城南」漲完「城西」漲，「城北」「城東」最後漲！

如果你看得懂局勢，是個聰明又有膽量的投資人，那你應該會在「都心」與「城南」上漲時，就趕緊跑去買「城北」與「城東」。但由於我是個沒膽的人，而且本身也不喜歡城北與城東，因此我個人不會去買城北與城東。我利用的，是更細部地區上的起漲時間落差。

2013 年，我西新宿的塔式住宅，價位是 7,500 萬日圓。同年，我現在這間目白住的房子，價位開價是 10,350 萬日圓，實際成交也可能不到一億日圓。當時，我之所以選擇西新宿的塔式住宅，而不選擇目白的低層住宅，就是因為知道西新宿的「買盤構成」與目白截然不同。西新宿屬於外國人會搶的國際買盤，然而目白屬於安靜的低層住宅區，只有當地人會喜歡。

因此我當初得到了一個結論，如果想要賺價差，就得買漲得動的「西新宿」。假設東京不動產往後整體會上漲，那麼「西新宿」一定漲得比「目白」還要快、還要猛。因為有國際買盤。

果不其然，在東京房地產漲了一波後，2017 年，我的西新宿以 9,500 萬日圓的價位賣掉了。但當時，目白的房價卻漲不太動，我現在買的這間目白宅，價位還不到 11,000 萬日圓。為什麼會這樣？原因很簡單。就是目白的低層住宅「沒有國際買盤」以及「投資買盤」，最重要的是，當時附近沒有什麼新建案。沒有「量」，怎麼帶起「價」呢？

因此當時我研判目白、下落合一帶會是個「落後補漲」的區域，等到自住客們「不得不」屈服目前的高房價時，這裡勢必會補漲。果不其然，2018 年後，這一帶接連推出幾個新建案，周邊的中古案件價位也逐漸走高，到了 2022 年，「開價」甚至比 2017 年時高了一倍，而且附近還有某 Major 7 的高級建案蓄勢待發，準備幫你拉抬房價 ...。

五、海外市場價格落差套利。

套利，不僅限於同一個市場，還可以將物件拿到不同的市場去賣。這就跟可樂是同一個道理，大賣場一罐可樂，可能只需要 20 ～ 30 塊錢，但你把相同的可樂拿去五星級飯店賣，就可以賣到 100 塊錢。

一間房屋，如果你只是刊登在日本的房屋銷售網站，例如 at home 或 HOME's 等，就只是面向日本國內市場而已。

但你如果將物件拿去外國市場賣給外國人，價位多半都可以賣得比較高。原因除了外國人比較不熟悉行情外，外國人也對於高房價的接受度比本國人高。世界上的先進國家，很少首都精華區的房價還像東京這麼親民的，自然以外國人的眼光來看，即便比行情價貴了一點，還是覺得很便宜。

此外，許多中國人來日本置產的理由，並不是為了賺錢，而是為了「保全資產」。我們知道中國的房屋沒有私有權，而且對於老百姓的資產管控嚴格，動不動就會被「共同富裕」，因此許多中國富豪買日本的房產是為了保護自己的資產、以及往後供子女移民日本使用的。因此把一個房屋放到中國市場去賣，多半都可以賣得比賣給日本當地客的價位還要好。或許這也間接說明了，為什麼 HOME's 網站的母公司 LIFULL，前些時候要積極地與大陸的鏈家地產以及台灣房屋合作的理由了。

四、
法令篇

法條規則很重要

04

權力關係怎麼看？法令限制知多少？

買房，一定要了解這些「你以為你懂，但其實你不懂」的法條與規則

4-1

都市計畫法

～這塊土地能蓋什麼？要看用途地域

日本鄉下土地便宜，有些區域甚至不需要 100 萬日圓，就可以買到超大片的土地。也因此，很多人就打著「買地自建」的想法，要來日本自己蓋房子。不過，你買了一塊地，可不代表你想要怎麼蓋就可以怎麼蓋喔（其實台灣也是這樣）。

都市計畫

有來過日本的朋友都知道，日本的街道整齊美麗、居住環境優良舒適，這全都歸功於有良好的都市計畫。之前我曾在網路上看過一篇文章，敘述一個日本人在泡沫經濟時期，買了「市街化調整區域」的用地，準備等有朝一日，日本政府將其變更為「商業用地」，好來發大財的文章。但是如果稍微了解都市計畫法的人就知道，這根本是天方夜譚。想要等「市街化調整區域」的用地變成「商業用地」，這就好比期待屏東的農地，會變身為信義計畫區一般的美夢。

日本的國土，可以分成「都市計畫區域」以及「都市計畫區域外」。另外，在「都市計畫區域外」的地方，還可以將部份指定為「準都市計畫區域」。

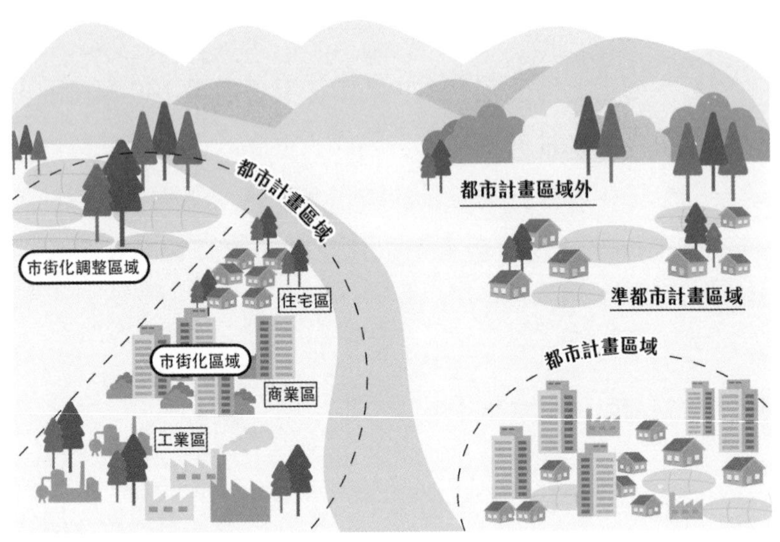

都市計畫區域

而在「都市計畫區域」內，若有必要，還可將其區分為「市街化區域」以及「市街化調整區域」。所謂的「市街化區域」，就是已經成形的市街區，或者十年內要優先發展市街化的區域。而「市街化調整區域」則是要「抑制」市街發展的地方。對，就是政府不希望這個區域發展起來。

而因為「市街化區域」就是政府優先想要發展的地方，因此會在「市街化區域內」訂定更具體的「用途地域」（用地區分），看這個地區是要發展成住宅區、商業區、還是工業區。

用途地域 13 種

日本的用途地域，總共有 13 種。

住宅系列的 8 種：「第一種低層住居專用地域（一低層）」、「第二種低層住居專用地域（二低層）」、「田園住居地域（田園）」、「第一種中高層住居專用地域（一中高）」、「第二種中高層住居專用地域（二中高）」、「第一種住居專用地域（一住居）」、「第二種住居專用地域（二住居）」以及「準住居地域（準住居）」。

商業系列的則有 2 種：「近鄰商業地域（近商）」、「商業地域（商業）」。

工業系列的則有 3 種：「準工業地域（準工）」、「工業地域（工業）」、「工業專用地域（工專）」。

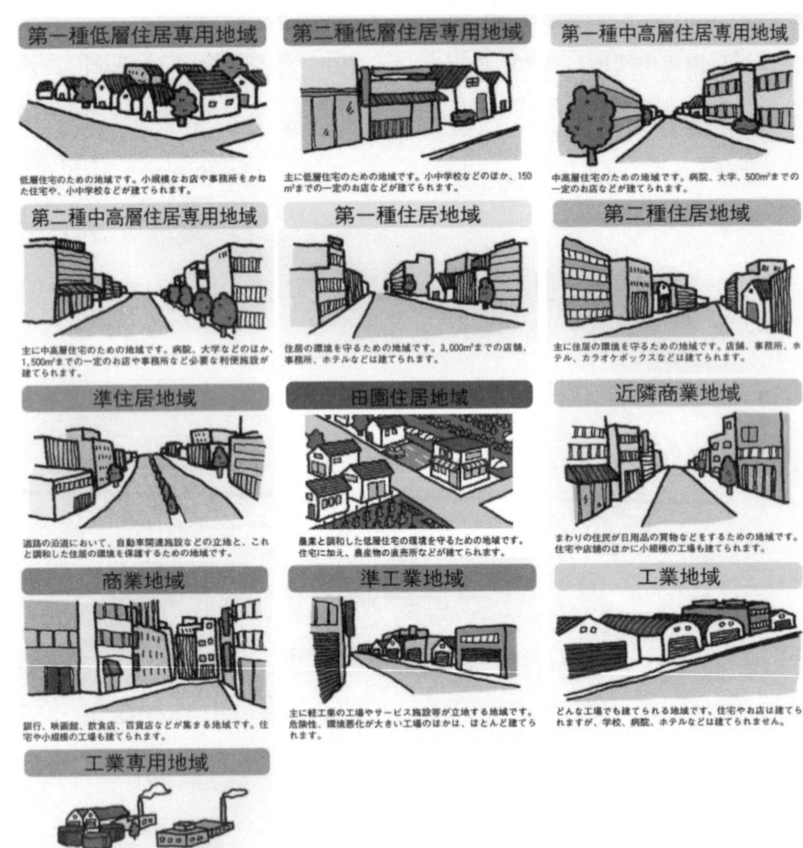

（圖片引用自國土交通省官方網站）

每個區域都有限制什麼用途的建築物可以興建，什麼用途的建築物不可興建。下表為各區域大致上的限制。更詳細的內容，請洽詢欲購房產所在地之市公所、區公所（都市計画課・建築指導課）。

	一低層	二低層	田園	一中高	二中高	一住居	二住居	準住居	近商	商業	準工	工業	工專
住宅、小規模兼用住宅、共同住宅	O	O	O	O	O	O	O	O	O	O	O	O	X
幼稚園、國小、國中、高中	O	O	O	O	O	O	O	O	O	O	O	X	X
保育院、診所、神社、寺院、教會	O	O	O	O	O	O	O	O	O	O	O	O	O
醫院、大學	X	X	X	O	O	O	O	O	O	O	O	X	X
兩層樓以下且樓地板面積 150 ㎡以內的店舖、飲食店	X	O	O	O	O	O	O	O	O	O	O	O	△
兩層樓以下且樓地板面積 1500 ㎡以內的店舖、飲食店	X	X	△	500 ㎡以內	O	O	O	O	O	O	O	O	X
三層樓以上或樓地板面積 1500 ㎡以內的店舖、飲食店	X	X	X	X	X	3000 ㎡以內	O	O	O	O	O	O	X
事務所	X	X	X	X	2 樓以下 150 ㎡以內		O	O	O	O	O	O	O
飯店、日式旅館	X	X	X	X	X		O	O	O	O	O	X	X
高爾夫練習場	X	X	X	X	X		O	O	O	O	O	O	X
小鋼珠店、麻將店	X	X	X	X	X	X	O	O	O	O	O	O	X
卡拉O K包廂店	X	X	X	X	X	X	O	O	O	O	O	O	O
兩層樓以下且樓地板面積 300 ㎡以內的獨立車庫	X	X	X	O	O	O	O	O	O	O	O	O	O
專營倉儲的倉庫、上記以外的獨立倉庫	X	X	X	X	X	X	X	無樓層面積限制					
劇場、電影院	X	X	X	X	X	X	X	客席樓地板面積未滿 200 ㎡		O	O	X	X
汽車修理工廠	X	X	X	X	X	50 ㎡以內		150 ㎡以內	300 ㎡以內		O	O	O
危險性或者環境惡化疑慮非常少的工廠	X	X	X	X	X	50 ㎡以內（有動力等限制）			150 ㎡以內（有動力等限制）		O	O	O
危險性或者環境惡化疑慮少的工廠	X	X	X	X	X	X	X	X			O	O	O
危險性或者環境惡化疑慮稍多的工廠	X	X	X	X	X	X	X	X	X	X	O	O	O
危險性，或者環境惡化疑慮大的工廠	X	X	X	X	X	X	X	X	X	X	X	O	O

參考上述的表格就可得知，如果你今天打算經營旅館，而在用途地域「第二種中高層住居專用地域（二中高）」買了一塊地，但根據表格，「二中高」並不能興建旅館或飯店，這樣就只能恭喜你，這塊地就只能拿來自己蓋房子來住了。

用途地域內的其他地域地區

用途地域內，除了有前述的表格規定外，有時還會有其他的「地域地區」的規定，來補完上述規定的不足。例如：「特別用途地域」，就可以指定某個地區為文教區。依照上表，照理說在「二住居」內，原本是可以開小鋼珠店的，但如果這個區域附近有小學，就很有可能會被指定為「文教區」，這樣這個區域就不能開小鋼珠店了。

此外，還有「高度地區」用來限制建築物的最高限度以及最低限度；「高度利用地區」則是規定容積率的最高限度及最低限度；以及「防火、準防火地區」規定一定規模的建物，一定要使用耐火建材…等。因此當你購買土地時，一定要跟你的房仲人員說清楚你購買的用途，以免買到的地，無法蓋出你心目中的理想屋，或無法達到你原本預計使用的目的喔。

之前我就遇過一個台灣人，它花了五、六億日圓，在新宿區買了一棟大樓。原本心裡打的如意算盤是將它改建為旅館賺觀光財，結果買了之後才發現那個地區根本不能做旅館業，整棟樓就只好空在那裡。而似乎這位買主也不太了解日本的宅建業法，不然是可以將它的仲介告上法庭的。又或者是這個客人根本沒跟業者坦承，心存僥倖，想說買了再說，才會落得如此下場。

購買物件時，尤其是這種大型物件前，一定要先查清楚什麼能夠做，什麼不能做。如果你真的不信任你的仲介業者，至少自己跑一趟區（市）公所問清楚，才不會花了大筆冤枉錢。

4-2

建築基準法

～能蓋多高、蓋多滿？端看建蔽率與容積率

上一篇所講述的「都市計畫法」，是一個地區「整體上的規定」。而這一篇要講述的「建築基準法」，則是你土地「個體上的規定」。

建蔽率與容積率

一塊土地，能蓋出怎樣的房子，都跟建築基準法上的「建蔽率」與「容積率」有關。也就是說，當建商買下這塊土地時，完工後的建築物會長得怎樣，大致上就已經成定局了。

所謂的「建蔽率」，指的就是「一塊基地能蓋多滿，要留多少空地」；而「容積率」，指的就是「能夠建築的總樓地板面積」。

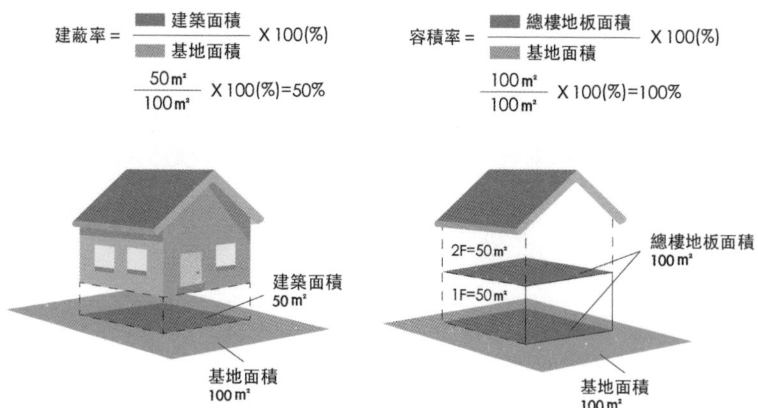

舉上圖例來說，一塊建蔽率 50%、容積率 100% 的基地，如果基地是 100 ㎡（約 30 坪）的土地，原則上它就是能蓋 50 ㎡（約 15 坪）的建築物蓋兩樓。就算你不蓋兩樓，你只蓋一樓，由於建蔽率的限制，你一樓也頂多蓋 50 ㎡（約 15 坪），不能整塊地都蓋滿。

接道義務及退縮規定

日本的建築基準法，將道路定義為「4 公尺以上」。而一塊基地如果要蓋房屋，則有「接道義務」。也就是你的基地部分，至少「要有 2 公尺以上的部分，可通往 4 公尺以上寬的道路」的基地才可以蓋房屋，如圖。若無法達到上述的規定，那麼你的土地就無法蓋屋。若上面有已經有老屋了，那這間老屋很可能是於現行的建築基準法開始實施之前所建造的「既存不適格物件」，這樣的老屋是無法重新改建的，因此這種物件就稱作「再建築不可」物件。這樣的物件，往往銀行不願意貸款給你，之後要脫手也會比較困難，因此千萬不要因為貪便宜就貿然買進。

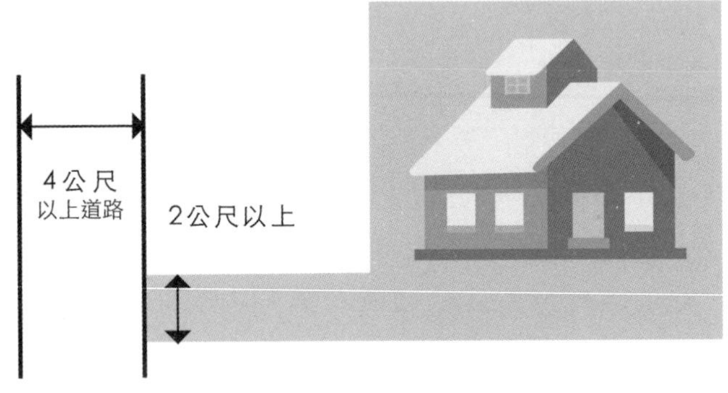

「那，如果土地前面的道路未滿 4 公尺寬，那是不是真的就不能蓋房子了呢？」

原則上不能。除非這條道路是依建築基準法 42 條 2 項，接受了特定行政廳的認可。這些經認可的未滿 4 公尺道路，就稱之為「二項道路」。特定行政廳認可它為道路，是有交換條件的。也就是說，將來你要在這塊土地上建築房屋或是改建時，必須要從道路中間線後退 2 公尺，也就是讓道路最終能夠有 4 公尺的寬度，以利消防救護車的出入。這稱之為「セットバック（Set Back、退縮）」。這時，退縮的部分就等於送給政府當道路，是無法列入容積率及建蔽率的計算的。因此購買土地時，或者購買附帶有中古建物的土地時，一定要留意一下此限制，才不會花了大錢，結果能夠蓋的地方只有一丁點。

容積率還要再看臨路寬

此外，你的土地實際上的建築物容積率，並不是按照都市計畫上所訂定的「法定容積率」數值來計算。若前面的道路未滿 12 公尺寬，則必須將路寬再乘以法定係數（住宅系列用途地域為 0.4，其餘皆為 0.6），再和都市計畫的數值比較，較小值才是你的真正容積率。

舉例來說，如果有一塊基地的法定容積率為 300%，屬於「第二種住居」地域，但它前方道路的路寬只有 6 公尺，這時，就必須將路寬乘以法定係數 0.4 （6×0.4），即可得數值 2.4 （也就是 240%）。比起都市計畫的法定容積率 300% 更低，因此這塊基地在興建時，容積就只能蓋到

240%，而不能蓋到 300%。

規制高度的斜線限制

由於日本對於居住環境很重視，因此在建築基準法上，除了容積率與建蔽率的限制以外，還有道路斜線、鄰地斜線、北側斜線以日影規制等等限制。也就是雖然你的容積率有 240%，但實際興建時，還不見得能夠消化完所有的容積率。如低層住宅區，為了讓家家戶戶都有採光，會直接給你建築物限高 10 公尺或 12 公尺。而其他的區域，在建築物超過一定的高度後，上面的樓層一定要往後退縮，來確保與鄰地之間有一定的空間，以確保鄰居房屋的日照權 ... 等。這就是為什麼日本很多房屋的最上面樓層，看起來都好似頭頂被削掉半邊的原因。

4-3

借地借家法

～荒唐！不能漲房租，沒繳房租也趕不走？

大家都說，在日本當房東很好賺，租金高、需求旺、又有「禮金」以及「更新料」可以拿（※註：參考「4-8　禮金與更新料」）。但就是因為這樣，日本的法律很保護房客，但似乎對於房東，就比較嚴苛一點點了。有別於「民法」，日本有一套比起「民法」還要嚴格的租賃專法：「借地借家法」。你在日本租房子給人，如果想收回來自用是不行的，你趕不走他。但如果他想要搬走，他卻可以隨時就拍拍屁股走人。所以啊，日本當包租公，其實沒有你想像中的輕鬆。

民法的租賃契約

我們先來看看日本民法的規定好了。因為並不是所有的房屋出租，都適用很嚴格的「借地借家法」。如果只是租房子裡面的其中一個房間，又或者暫時使用的租借或無償使用時，是不適用借地借家法的。

民法上，如果你要向第三者主張你的租借權，需要登記。且租借契約無法超過 20 年，並且歸還土地或建物時，需要回復原狀。另外，民法上，雙方想要在期限內解約，需要「三個月前」就提出，才可以解約。但下面要敘述的借地借家法，可就比民法嚴格多了。

借家法的租賃契約

借地借家法，顧名思義，就是分成租土地的「借地」跟租建物的「借家」。「借地」的部分，屬於購買借地權物件時會遇到的問題，因此放在下一篇詳述。本篇僅針對租屋（借家）部分來敘述。

有別於民法的租借權需要登記，借地借家法中，今天只要你從房東那裡拿到房間的鑰匙，也就是有「交屋」這個過程，就可以對第三者主張你的租借權。什麼意思？也就是說，如果有一天你的房東，將房屋賣給 C 先生，那 C 先生就不能主張說：「合約是你和舊房東簽的，干我屁事，你給我滾蛋！」。也就是你不需要任何權利上的登記，就可以向新房東 C 先生主張你有租這間房屋的權利。換個角度想，也就是如果你現在在日本購買了一間帶租約（Owner Change）的物件，你也趕不走這個房客的。因為前屋主有交屋給房客，只要這個房客有鑰匙，就享有借地借家法的保護。此外，就期間部分，也不像民法只有 20 年的限制，你要簽幾年就幾年，沒有上限。

房東想要趕人，可以嗎？

那假設你的合約簽兩年，但卻想要中途解約呢？那屋主就必須要「六個月前」就得告知房客，且同時要有「正當理由」才可以解約，但房客只要「一個月前」講，就可以解約了，不需要「正當理由」。而屋主想要解約的「正當理由」，可不是你講了就算的。「阿我要自己住啊」、「阿我兒子結婚要用啊」、「阿我房子要賣，人家要買空屋啊」、「阿我房子想要跟隔壁的一起都更發大財啊」…。上述這些都構成不了「正當理由」！

看來，如果租客硬是不搬走，你就只能跟他協商，給他一些搬遷費。若租客還是不願意，就只能打官司了。「那還不簡單，簽合約時事先寫好就好啦！」。這可行不通喔，凡是違反借地借家法，且不利於租客的特約，一律無效喔！

房東想要漲房租，可以嗎？

除了上述保護房客的措施以外，如果你想調漲房租，還不是你說調，就可以調的。如果租客不願意讓你漲，還得經過調停，調停不成還得打官司，因此一旦你簽了約，只要他不走，很有可能就得一直以目前簽訂的租金價位租給他，如果他想住到死，你也只好認了。簽約時寫特約？一樣「不調漲房租的特約，有效！不調降房租的特約，無效！」。

之前我曾經就有一個客人，打著「漲他房租逼他搬走」的主意，這在台灣或許行得通，在日本可行不通啊。（但在實務上，有些租客並不是很了解自己在法律上的權益，有時候契約更新時，你給他一紙漲房租的通知，他也乖乖讓你漲。當然，也偶爾會遇到精通法律的租客，他就完全不會甩你了。）

退租後，房客要你付裝潢費！

至於退租後，回復原狀的問題呢？基本上如果房客是經由房東同意，而加裝冷氣，或者重新鋪地板等的，那麼房東有義務要在收回房子時，向房客用行情價購買回，因為租客擁有「造作買取請求權」。還真的是吃人夠夠啊，不過幸好，簽約時，這一條可以藉由特約排除。

也就是因為在日本當房東，法令保障租客這麼徹底，所以才有「禮金」跟「更新料」這些名目的收費，讓房東可以多收一些錢，來彌補自己權利上的損失。

定期租借合約

「日本房屋出租，真的趕不走房客嗎？」

如果你真的只是暫時無法居住自己的房屋，但過兩、三年後，預計要給子女來日本留學使用的話，那不妨可以考慮跟房客簽「定期建物賃貸借契約（定期租借合約）」。這種合約就是約期到了就不再更新（續約），只要合約到期的前半年，屋主通知租客不再續約，大家到時就自動說掰掰。不過由於大多數日本人視搬家為一種壓力，因此很多租客都不願意簽這種合約，且一般來說，簽這種合約，因為對租客保障比較少，因此房租都會比市場行情低，因此簽這種約是否划算，就得細細打一下算盤了。

4-4

借地權

～房子我的，土地租的！

一間房子的價格，不能只看總價。它的價格構成分成「土地」與「建物」兩個部分。這兩個價格的總和，才是你的「房價」。「建物」會隨著經年累月而折舊，越老越沒價值，但「土地」則沒有折舊的問題。因此「建物」是消耗品，「土地」不是。也就是因為這樣，日本買屋時，只有「建物」的部分會被課「消費稅」，因為建物才會被「消費、消耗」，土地並不會。因此，不動產真正保值的部分，不是「建物」，而是「土地」。

借地權的物件，跌價快

所謂的借地權物件，指的就是你擁有的，只有「建物」部分，以及一個「承租土地的權利」而已。土地並不是你的，而是租來的。這樣的物件，因為售價部分不包含土地價格，因此購入成本會便宜很多，多半會是市場行情價的六～八折。

在台北房價高漲的時代，就有些建商打著房價 1/2 的地上權建案，說是為了年輕人買屋著想，要給年輕人一些希望。但 ... 真的是這樣嗎？冷靜思考一下，這種產品，你擁有的只有「建物」部分，並沒有擁有「土地」部分。因此依照上述的邏輯，房價只會隨著折舊而越來越低，到最後「歸零」。

這樣的房子，日本可以買嗎？那就看你怎麼想了。自住的話，基本上我個人不會買，因為自住無法收租，而且建物到了一定的屋齡後，價值就等於歸零了，根本無法累積自己的資產。不過若從投資的角度來看，由於日本的獨特的借地借家法保障，或許是個不錯的投資選擇。

舉個例子來說：2012 年時，西新宿有個總戶數 179 戶的借地權的案子，它是跟神社借地來蓋房子的一個建案，生活機能、交通與環境都不錯。它 38 ㎡（約 11.5 坪）的房型，一間 2,790 萬日圓。1 ㎡的單價等於 73 萬日圓。以西新宿這一帶當時的塔式住宅的價位來看，新屋 1 ㎡的單價至少要 110 萬日圓起跳，也就是說，這個物件根本就是六～七折價。因此這裡一推出，就搶購一空。

若以投資角度來看，這一間房子要租到一個月 18 萬日圓不是問題，甚至可能更高。因此扣除種種費用後，只要 15

年，你的本金就回本了，而這是 70 年的定期借地權，也就是扣除前面的 15 年，後面 55 年，你租多少，就等於是淨賺多少。只不過，這個產品屬於 1992 年後實施的新法「定期借地權」，因此買入此類物件時，要特別留意脫手的時機。70 年一到，你就是一場空，什麼都沒有。

上述所說的這個物件，屬於「定期借地權」，比較保護地主。一旦契約期間終止，我們買房的人，是無法續約土地部分的租借契約，必須無條件把房屋拆掉，並把土地回復成空地還給地主。因此 70 年後，你留下手邊的，就是後面 55 年的房租而已。歐，可能不到喔！因為你還要把房子剷平還給地主！

借地權，目前分三種

嚴格來說，日本現在借地權總共分成「舊法借地權」、「普通借地權（新法令）」、「定期借地權（新法令）」三種。為了法律上實施的過渡期，現狀還是有「舊法借地權」的存在。下面我們就來看看這三種借地權的簽約期間規定：

一、「舊法借地權」（1992 年 8 月 1 號前簽訂的契約）

木造建築最少簽 20 年、RC 造或 SC 造則最少簽 30 年。

若簽署時，沒訂定時間，則木造視為 30 年、RC 造或 SC 造視為 60 年。期間到後第一次更新也是得簽 30 年。期間中建物滅失再建需要地主同意。

二、「普通借地權」

無論建築物的種類為何，都最少必須簽 30 年，期間到後第一次更新最少簽 20 年，第二次以上更新最少必須簽 10 年。地主沒有正當事由不得拒絕更新。

若於最早契約中的 30 年當中（例如第 25 年），建築物若滅失，若地主同意你再建，則最初的借地權合約期間延長 20 年。若地主不同意你再建，而你私自再建，則借地權期間依然第 30 年到期就終止（但依然可以法定更新自動再續 20 年）。

若於第一次更新後（例如第 40 年），建築物若滅失，而地主同意你再建，則最初的借地權合約延長 20 年。若地主不同意你再建，而你私自再建，則地主可以要求借地權終止。

三、「定期借地權」

至少需簽 50 年，沒有更新。時間一到，地主可以要求拆屋還地。

可以選擇「舊法借地權」與「普通借地權」物件

上述的「舊法借地權」與「普通借地權」這兩種，就很保護租客了。前後兩者僅差在簽約期限，以及更新條件與規定不同，其他都大同小異。也就是，這兩種借地權，只要時間一到，你跟地主說要繼續續約（更新契約），地主若沒正當理由，是不可以拒絕的。就算地主說想要自己拿回來種田，這都不能算是正當理由。因此「舊法借地權」與「普通借地權」你租來的土地根本就是半永久屬於你的了。而且「普通借地權」還有個好處，就是如果期間到了，地主若有正當理由，得以拒絕更新借地權，你還可以行使「建物買取請求權」，請求地主用市場價買回你的建物。但如果是「定期借地權」的話，就得拆屋還地。

日本許多專業投資者，就是因為深知這樣的道理，因此專門買這種借地權的土地，來自己蓋公寓出租。不用持有土地的成本，只需要花費建物的成本，就可以收取和一般物件一樣的房租，投報率甚至是一般產品的兩倍以上，又不用害怕房東要收回土地（因為他收不回去）。因此，如果你會用這種方式經營，快快回本的話，也不失為一種很好的投資選擇。

4-5

登記事項證明書

～日本的房屋謄本怎麼看？

買房子的時候，調閱謄本查詢權利登記，是一個很重要的步驟。不止在台灣，在日本也一樣。至於要去哪裡調閱呢？只要去該不動產管轄的法務局，在機器輸入欲調閱不動產的「所在」與「家屋番號」（※ 註：不是輸入地址，詳見「4-6　地址表示」），再到旁邊窗口花個 600 日圓購買印紙（印花）貼上，即可領取。任何人都可以調閱。一般來說，你的房仲都會免費提供給你。

而因為日本現在都是電子化，法務局電腦連線調閱電子記錄的，因此現在已經不是用「手寫」的了。用字遣詞龜毛的日本人，自然也就捨棄了「謄本」這個用詞，把它的正式名稱叫做「登記事項證明書」。

土地、建物，各有一份登記事項證明書。但如果你買的物件，是已經是有做「敷地權設定」的大樓，就會統合登記成一份。所謂的「敷地權」，簡單來說，就是把共用部分的土地跟你專用部分的建物登記在一起，以節省登記手續以及成本。也由於我們台灣朋友赴日購買的，多半是購買這種已經有敷地權的大樓，因此這裡的實例，就舉這樣的案例一起來看吧。

登記記錄的內容，可以分成「表題部」（見標示①），以及「權利部」（見標示②）兩大部分。

表題部

「表題部」就相當於我們台灣的「土地（建物）標示部」，記載關於這個不動產的所在、大小、登記原因及日期等物理上的要素。如果是獨棟透天，則土地部分與建物部分，會分別各有一份登記事項證明書，每一份的構成都是一個「表題部」，兩個「權利部」（甲區＆乙區）。而如果你買的是登記敷地權的大樓產品，就只會有一份登記事項證明書。這時，「表題部」就會有兩個，一個是「整棟建物的表示」，另一個表題部則是你所買的房間，也就是「專有部分建物的表示」，如圖。

從這個實例，我們可以得知這個建物的「所在」為「中野区弥生町一丁目１番地９」，而「家屋番號」為「弥生町一丁目１番地９の３０３」（也就是 303 號房）。這一長串文字，可不是你的「住址」喔，詳細我們會在下一篇介紹。

登記事項證明書

2014／08／05　14：54　現在の情報です。

専有部分の家屋番号	1－9－101 ～ 1－9－103 1－9－105 ～ 1－9－108 1－9－110 ～ 1－9－112 1－9－201 ～ 1－9－203 1－9－205 ～ 1－9－208 1－9－210 ～ 1－9－213 1－9－301 ～ 1－9－303 1－9－305 ～ 1－9－308 1－9－310 ～ 1－9－312 1－9－401 ～ 1－9－403 1－9－405 ～ 1－9－407

表題部（一棟の建物の表示）	調製	平成7年7月6日	所在図番号	余白

所在	中野区弥生町一丁目　1番地9	余白
建物の名称	メゾン・ド・エテール	余白

①構造	②床面積　㎡	原因及びその日付〔登記の日付〕
鉄筋コンクリート造陸屋根地下1階付4階建	1階　148：01 2階　161：69 3階　147：37 4階　90：27 地下1階　18：15	余白
余白	余白	昭和63年法務省令第37号附則第2条第2項の規定により移記 平成7年7月6日

表題部（敷地権の目的である土地の表示）				
①土地の符号	②所在及び地番	③地目	④地積　㎡	登記の日付
1	中野区弥生町一丁目1番9	宅地	326：54	昭和59年12月24日

❶

表題部（専有部分の建物の表示）	不動産番号	0112000149252

家屋番号	弥生町一丁目　1番9の303	余白
建物の名称	303	余白

①種類	②構造	③床面積　㎡	原因及びその日付〔登記の日付〕
居宅	鉄筋コンクリート造1階建	3階部分　12：02	昭和59年12月16日新築
余白	余白	余白	昭和63年法務省令第37号附則第2条第2項の規定により移記 平成7年7月6日

表題部（敷地権の表示）			
①土地の符号	②敷地権の種類	③敷地権の割合	原因及びその日付〔登記の日付〕
1	所有権	52272分の1372	昭和59年12月16日　敷地権 〔昭和59年12月24日〕

❷

権利部（甲区）（所有権に関する事項）			
順位番号	登記の目的	受付年月日・受付番号	権利者その他の事項
1	所有権移転	平成2年5月7日 第10395号	原因　平成2年4月26日売買 所有者　練馬区中村北一丁目16番4－302号 菅野英孝 順位2番の登記を移記
付記1号	1番登記名義人住所変更	平成20年7月28日 第14501号	原因　平成10年1月25日住所移転 住所　練馬区向山二丁目22番10号
	余白	余白	昭和63年法務省令第37号附則第2条第2項の規定により移記 平成7年7月6日
2	所有権移転	平成20年7月28日 第14502号	原因　平成20年7月28日売買 所有者　石川県金沢市 鈴木智博
3	所有権移転	平成25年2月1日 第1915号	原因　平成25年2月1日売買 所有者　神奈川県三浦 池守五十三

❹

❸

権利部（乙区）（所有権以外の権利に関する事項）			
順位番号	登記の目的	受付年月日・受付番号	権利者その他の事項
1	抵当権設定	平成２年５月７日 第１０３９６号	原因　平成２年４月２６日金銭消費貸借同日設定 債権額　金２，２９０万円 利息　年８・２６８％ 損害金　年１４・６％　年３６５日日割計算 債務者　練馬区中村北一丁目６番４－３０２号 菅野英孝 抵当権者　港区浜松町二丁目４番１号 オリックス株式会社 順位３番の登記を移記
	余白	余白	昭和６３年法務省令第３７号附則第２条第２項の規定により移記 平成7年7月6日
2	１番抵当権抹消	平成９年１２月５日 第２７９６０号	原因　平成９年１１月２５日解除
3	抵当権設定	平成２０年１２月１０日 第２３４４４号	原因　平成２０年１２月１日金銭消費貸借同日設定 債権額　金５００万円 利息　年４・４００％（年１２分の１の月利計算） 損害金　年１４％（年３６５日の日割計算） 債務者　石川県金沢市太陽が丘二丁目１５２番地 鈴木智博 抵当権者　静岡県沼津市通横町２３番地 スルガ銀行株式会社 （取扱店　ダイレクトワン支店） 共同担保　目録(ね)第３５７７号
4	抵当権設定	平成２０年１２月１０日 第２３４４５号	原因　平成２０年１１月２６日金銭消費貸借同日設定 債権額　金７３０万円 利息　年４・６００％（年１２分の１の月利計算） 損害金　年１４％（年３６５日の日割計算） 債務者　石川県金沢市太陽が丘二丁目１５２番地 鈴木智博 抵当権者　静岡県沼津市通横町２３番地 スルガ銀行株式会社 （取扱店　ダイレクトワン支店） 共同担保　目録(ね)第３５７８号
5	４番抵当権抹消	平成２３年7月１５日 第１３９０９号	原因　平成２３年7月１５日解除
6	３番抵当権抹消	平成２５年2月１日 第１９１４号	原因　平成２５年2月１日解除

❺

共同担保目録			
記号及び番号	(ね)第３５７７号	調製	平成２０年１２月１０日
番号	担保の目的である権利の表示	順位番号	予備
1	中野区弥生町一丁目　１番地９　家屋番号　弥生町一丁目　１番９の３０３の建物 敷地権の表示　符号１　中野区弥生町一丁目１番９の土地の所有権５２２７２分の１３７２	3	平成２５年２月１日受付第１９１４号抹消
2	東京法務局　渋谷出張所 渋谷区恵比寿一丁目　５０番５の土地 鈴木智博持分	余白	余白
3	東京法務局　渋谷出張所 渋谷区恵比寿一丁目　５０番地５　家屋番号　恵比寿一丁目　５０番５の１８の建物	余白	余白
	余白	余白	平成２５年２月１日全部抹消

共同担保目録			
記号及び番号	(ね)第３５７８号	調製	平成２０年１２月１０日
番号	担保の目的である権利の表示	順位番号	予備
1	中野区弥生町一丁目　１番地９　家屋番号　弥生町一丁目　１番９の３０３の建物 敷地権の表示　符号１　中野区弥生町一丁目１番９の土地の所有権５２２７２分の１３７２	4	平成２３年７月１５日受付第１３９０９号抹消
2	東京法務局 文京区千駄木二丁目　２７２番地２　家屋番号　千駄木二丁目　２７２番２の１００３の建物 敷地権の表示　符号１　文京区千駄木二丁目２７２番２の土地の所有権１０６６２５分の２３８５	余白	余白
	余白	余白	平成２３年７月１５日全部抹消

＊　下線のあるものは抹消事項であることを示す。

權利部甲區

「權利部」又分成「權利部（甲區）」（見標示②）與「權利部（乙區）」（見標示③）。

「權利部（甲區）」，就相當於我們台灣的「土地（建物）所有權部」，這裡標示了關於該不動產從第一手到目前為止，所有的屋主所有權，以及轉移登記。看這裡，就可以知道這個物件曾經轉手過幾次、什麼時候轉手了。

從這個物件我們可以看得出目前權利部的第 3 筆資料，這就是現在的所有者「池守五十三」（見標示④）。可以看得到他的住址，知道他住在神奈川縣，也知道他是平成 25 年（2013 年）購買此屋的。

權利部乙區

「權利部（乙區）」，就相當於我們台灣的「土地（建物）他項權利部」，這裡標示了除了所有權以外的權利。如銀行設定的抵押權、地上權、地役權、永小作權…等。看這裡，就知道屋主目前有沒有將這個不動產抵押給銀行，借房貸等等。

另外，謄本內有標示底線的部分，表示這個權利已經失效塗銷了。也就是如果之前的屋主賣給了現任屋主，那麼之前的屋主的資料，就會畫上底線。若抵押權部分畫下了底線，表示屋主已經把錢還清，銀行將這個抵押權塗銷了。

從這個案例我們可以看出來，「權利部（乙區）」的第 5 以及第 6 欄，分別標明了第 3 欄跟第 4 欄的抵押權塗銷，表示現任屋主沒有欠銀行錢。

共同擔保目錄

而最後面的「共同擔保目錄」，則是表示這個物件如果有跟其他的物件同時設定擔保，就會登記在此處。舉例來說，如果你跟銀行借了一千萬日圓來做生意，銀行當然不會只要你一間評價額才幾百萬的小套房來擔保，會希望越多間擔保越好，因此，同一個債權，如果有複數不動產設為抵押擔保，就會顯示在這裡。

例如「權利部（乙區）」的第 3 欄右下角，就有加註共同擔保目錄為 3577 號（見標示⑤），因此只要去找最下方的共同擔保目錄 3577 號的部分就可以知道，還有哪幾筆不動產，被設定為同一個債權的擔保了。

4-6

地址表示

～為什麼權狀上的地址跟門牌地址不一樣？

還記得上一篇，介紹登記事項證明書時，曾經提到「所在」、「家屋番號」以及寄信時寫給郵差看的「地址」是不同的嗎。前者是根據「不動產登記法」的標示，而後者則是根據「住居表示法（住居表示に関する法律）」的表示。

不動產登記法的叫「所在」

每一筆土地，都有自己的號碼，這叫做「地番」（類似我們的地號），而每筆土地上面的建物，就給予它自己的「家屋番號」（類似我們的建號）。這兩者，我們就稱之為物件的「所在」。關於不動產的登記，或者是不動產的交易合約，一律都以「所在」為準。因此如果你要去法務局查詢某間不動產的資訊，如果不知道「所在」（也就是地番以及家屋番號），是沒有辦法查詢到的。不過有些法務局有提供他們管轄內的區域，利用「住所」來找「所在」的服務。

在古時候，日本人的祖宗在劃分土地時，並沒有說以特別的順序或邏輯來劃分，以至於到了現代，每一筆土地的編碼，都沒有什麼順序性可言。因此若是使用「所在」，要找尋一個地方，會非常不容易，因此才會發展出另一種表示的方式：「住所」，也就是寄信時給郵差看的地址。

住居表示法的叫「住所」

有別於上述的「所在」，如果你要寫信給朋友，或是用 Google Map 找地址導航，你要輸入的，必須是「住所」（正式名稱為「住居表示」）。由於上述的「所在」非常難找，因此政府認為有必要重新彙整一套讓大家都好找的系統，因此日本於 1962 年實施制定了「住居表示法」。不過由於這套系統是專門用來尋找建物的，因此有些空地，或者是荒郊野外的土地並沒有「住居表示」。

甚至有些年代久遠的建築物，還會有鄰近兩棟建築物的「住居表示都一樣」的，這時郵差就只能靠信件上註明大樓名稱才可明辨到底是要寄到哪一棟！不是只有鄉下這樣，連都會區也這樣，我在我家附近，至少就遇過兩次以上比鄰的兩棟建築「住所（住居表示）」一模一樣的。因此在日本寄信時、或者在銀行或政府機關填寫個人地址時，一般都會要求必須填上你家那冗長的建築物名稱，就是這個道理。

正因為會有上述那種「兩個建築物的住所一模一樣」的情況發生，因此不動產的登記必須以「所在」為主。所以當你簽房屋合約時，也別嚇了一跳說：「疑？為什麼合約書上寫的地址，跟我那天去現場看到的地址不一樣啊！」。

「住所」（住居表示）怎麼看？

來到了日本，興致沖沖要去看自己購買的物件時，在手機導航上，要輸入的是「住所」而不是「所在（地番、家屋番號）」。輸入「所在」是找不到的。而日本的「住所」，又跟我們台灣的「地址」表示不太一樣。我們台灣的路，都有路名，因此我們都是「xx 市 xx 區 xx 路（街）xx 號 xx 樓」。但日本的路，除了大馬路以外，大部份是沒有名稱的。因此日本的住所表示不像我們還有路，還有巷弄。

舉個虛構的地址：
「兵庫県　神戸市　朝霧南町　4-20-3　リバーハイム　203 号」

這個住所怎麼看呢？「兵庫県」跟「神戸市」這部分我們就不用多做解釋了吧，跟台灣一樣。而「朝霧南町」這部分，代表的是「町名」，也就是這個地區的名稱，就類似我們的「雙連」或者「江子翠」之類的。

而那一連串的數字「4-20-3」是簡寫，正式的寫法為「四丁目　２０番の３」。依序代表的，就是「朝霧南町的第四鄰里」中的第 20 個街區（類似 Block）的第三棟建築物。接

下來的「リバーハイム」則是建築物的名稱，最後 203 号室才是房間號碼，代表 2 樓的第 03 號房。

這種標示法，跟我們台灣的習慣有很大的不同。幸好科技日新月異，現在只要輸入到手機內，系統就會自動幫你定位了。下次在日本找地址時，不妨可以留意一下這樣地圖上的劃分喔。

4-7

耐震基準

～舊基準與新基準，價值差很大！

日本是一個地震頻繁的國家，對於購屋者而言，耐震基準是一個很重要的考量點。當然，日本人選購住宅時，除了考量交通、環境因素以外，在歷經 311 強震之後，大家更是將建築物的耐震性，擺在購屋考量的第一順位。抗震科技日新月異，近年的新成屋，除了一般的「耐震」設計外，又有「制震」設計以及「免震」設計，也就是在地震搖晃時，甚至可以讓你感覺不出房子在搖晃。像是位於灣岸地區等地盤較不穩定的地區，建商所蓋的超高層，也大多採取了免震大樓的設計。

四個時期的耐震基準

那如果你是購買的是中古屋呢？耐震性有像新屋這麼好嗎？其實也有一個判斷基準。日本於 1981 年（昭和 56 年）6 月 1 日起，實施了新的建築基準法。這個時間點以後「獲得建築確認」的建案，一定就是基於「新耐震」基準來設計建築的。而這之前的就稱為「舊耐震」。所謂的新耐震，是以震度 6 以上的地震都不會倒塌為基準的，但舊耐震就沒這麼高了，只要求到震度 5 而已。因此許多購屋者，只要看到物件資料上顯示 1981 年 6 月以前的物件，就連看都不願意看。實際上在 311 強震時，很多地區的新耐震物件都沒受到什麼損壞，但是舊耐震的，損毀的程度就高一些了。

如果你要求更嚴格一點，可以選擇 2000 年 6 月以後獲得建築許可的案件，這個時間點又有一次更嚴格的改制，一般稱之為「新新耐震」。

就算你不擔心地震問題，選擇中古屋時，也盡量不要挑 1971 年 6 月之前的房子，這之前的房子，規制最鬆散，又稱為「舊舊耐震」。

	1971 年 6 月		1981 年 6 月		2000 年 6 月	
舊舊耐震		舊耐震		新耐震		新新耐震

不過看日期時，要稍微留意一下。我曾經有一位客人需要在東京買個辦公室，因此當他看到一個 1982 年 6 月完工

的商辦，就興致衝衝地說他要買。因為他也知道，看這個日期，應該就是新耐震基準的物件。不過注意喔，這裡的「1981年6月1號以後」，指的是在這之後「獲得建築確認」（拿到建照）的物件，也就是說，很有可能這個物件完工時間是1982年6月，但實際上獲得建築確認的時間卻是1981年初。因為我看他要的那個物件的規模，實在不像是一年內可完工的案子（也就是不太可能是1981年6月拿到建照，而1982年6月就完工）。事後調查，果然！這個是舊耐震基準的案子，所以這位客人到最後也決定不購買，因為新耐震的案子，市場價值跟舊耐震差很多。

客人不買，我買！

但在這邊偷偷跟讀者講個小秘密。這間房子，雖然客人不買，但到最後卻被我自己買了下來。除了因為它很便宜、地點又不錯以外，還因為這一間房子是鋼骨鋼筋混土（SRC）結構的。

雖然它是舊耐震基準，但如果是SRC結構，其實它在地震的承受度上，是會比一般的鋼筋混土（RC）結構的還要穩固。因此我們也不能一口否定說，所有的舊耐震物件都是不好的…。

4-8

禮金與更新料

～日本租屋的潛規則

大家都說在日本當包租公賺很大，除了可以收到每個月的房租以外，房客要租房時還會付給房東「禮金」，合約期限到了，如果房客想要續約（更新），還會付給房東「更新料」。那麼，這兩筆錢到底是什麼呢？真的有那麼好，房東都拿得到嗎？

何謂「禮金」？何謂「更新料」？

所謂的「禮金」，就是租屋時，房客送給房東花的一筆錢。一般來說，金額大約都是一個月的房租。不同於「敷金（押金）」必須退回給房客，「禮金」是不需要退回給房客的。也就是說，在日本要租屋時，一開始就要先準備「一個月禮金」＋「兩個月敷金（押金）」＋「第一個月的房租」，一次就得拿出這麼一大筆錢，也難怪看了咒怨後，就知道為什麼日本人就算租到鬧鬼的房屋，都不想輕易搬走了（開玩笑）。

另外，「更新料」就是契約滿兩年後，「契約更新（續約）」時，房客所要額外支付給房東的一筆續約費用。行情也大概是一個月的房租。也是送給房東花的，感謝房東將房子繼續租給你，而他自己犧牲掉了使用這間房屋的權利。如果房客不想付「更新料」，也大可拍拍屁股走人，不過別忘了，房客去別的地方租新房，也是需要再付「禮金」的。

雖然在日本當房東，有「禮金」以及「更新料」可以收，看起來很好賺，但了解前幾篇的借地借家法後就知道，這些費用充其量都只是對於房東損失的權利的一點補償而已。比起房客，房東每個月還得繳那高額的管理修繕費用，每年還得繳固定資產稅以及都市稅，房間設備故障了，房東還要去修理…。況且，隨著經濟環境的變遷，以及租屋競爭越來越白熱化，現在已經有許多房東甘願不收禮金以及更新料，為的只是早日將房屋租出去，因此這兩筆費用，今後你是否一定收得到，那可就不一定了。

房東沒給仲介廣告費，房子租不掉

另外，這裏再偷偷講個業界祕辛。有時候如果你的物件是小套房，那即使仲介幫你找到房客，這仲介其實也賺不了什麼錢。因為說實話，相對於東京的高物價，你那一個月房租的仲介費，進到公司後，再實際落入業務本人手中的錢，還真的是少得可憐啊。因此很多仲介其實都沒有很努力地幫小套房的屋主找租客，還倒不如去介紹大間的，都是一樣的工，大間的抽比較多啊。

除非你多支付一筆廣告費給仲介，因為有多一點錢，仲介才會顯得比較有意願幫你專心找客人。也因此，這筆屋主多收進來的「禮金」，根本常常都是整筆拿去支付給仲介公司當廣告費的。因此計算投報率時，傾向別將這兩項收入算進來比較好。

4-9

心理瑕疵物件

～關於凶宅

前一陣子有一部日劇很夯，叫「房仲女王（家売るオンナ）」。對，就是北川景子領銜主演的，賣房子的故事。裡面將日本的房仲業演得唯妙唯俏，許多情節都是（曾經）真實發生在日本房仲業裡面的。例如：叫部下「預約到客人之前不准回家」、「把電話聽筒用膠帶綁在耳朵，一直打電話，直到約到看屋客人」、以及「做三明治夾心人，在車站前站崗攬客（台灣是用舉牌的）」... 等。且裡面的劇情以及售屋手法也都是實際房仲人員會使用的招數。例如：「用手機 APP 製造假來電，說有別組客戶要下斡旋，讓客戶心急快下單」、「開車要走巷弄小路，以取得客人信賴」、以及「將缺點（墳墓）說成優點（永遠不會有高樓遮蔽）」... 等。

我還耳聞有不動產同業朋友說，當時他們老闆交代每個員工，每週都要準時收看這部日劇，然後寫心得報告 ...。

什麼是心理瑕疵物件？

記得其中有一集，故事內容就是在描述杉並區的某「事故物件」，一間只賣 1,000 萬日圓的故事。在劇中，他們稱這叫做「心理的瑕疵物件」，意思就是說，物件本身「物理上」沒瑕疵，但「心理上」有瑕疵。說穿了，就是曾經發生過兇殺、死人、火災 ... 等，正常人住了會覺得心裡毛毛「凶宅」！

像是這樣的物件，在物件資料圖面上，都會打上「告知事項あり」（有必須告知的事項），因為業法有規定，業者在販售這類物件時，一定要告知事故內容。所以你會看到劇中的三軒家主任，都會將殺人事故的經過，描述地栩栩如生給前來看屋的客人聽。因此下次你如果看到一個物件出奇地便宜，不妨看看備註欄，有沒有寫這樣的字眼。

若你想知道你欲購買的房屋是否為凶宅，也可以參考日本知名的凶宅網「大島てる」，內容會詳細記載事故發生的年月日、發生的細節等。操作介面就跟 Google Map 一樣，只要輸入地址就可以查詢。

●日本凶宅網「大島てる」：
https://www.oshimaland.co.jp/

凶宅值多少

至於，凶宅的價位，真的會像劇中這麼便宜嗎？我們先來看看，這樣的物件，如果不是凶宅，市價大約多少。

這個日劇之所以有趣，就是在於它很多小細節都很寫實。當然，在地名上，都會刻意改掉一些，以免被當地民眾抗議。像是這個凶宅，劇中截圖寫著「杉並區荻沼一丁目」，離車站 12 分鐘，土地 120 坪的透天。不過實際上，杉並區並沒有「荻沼」這個地名。不過就劇中三軒家萬智（北川景子，女主角）的描述，這裡是高級住宅區的一等地。嗯，我想我大概知道是在哪裡了。應該就是在「荻窪一丁目」（不過其實「荻窪」，住宅區較貴的地段是在「荻窪三丁目」）。

如果真的是這個地方，那假設它不是凶宅，土地又超過 100 坪的話，大概值多少呢？搜尋了一下售屋網站，前一陣子 at home 有一筆正在銷售的物件，大小差不多、屋齡差不多、都是 RC 造的，開價 3 億 3,800 萬日圓。

一般來講，如果是在屋內自然死亡的，會是市價的九折；如果是自殺的，大概是市價的八～七折；而如果是他殺、兇殺的，則很有可能會是市價的六折～五折，也就是看它究竟有多「兇」。

因此，即使劇中這間凶宅的市價，不如現實售屋網 at home 正在銷售的 3.38 億那樣高，假設只有兩億的話，那這間房子再便宜，也不太可能低於一億，也就是不可能便宜到 1,000 萬這種價位。

凶宅告知義務的範圍

根據 2021 年 10 月所制定的「凶宅告知義務方針（宅地建物取引業者による人の死の告知に関するガイドライン）」，明定了哪些情況業者需要告知買方或租方，哪些情況不需要告知：

	租賃	買賣
自然死亡、日常生活中發生的事故死亡（如老人跌倒、樓梯摔死、洗澡溺死、吃東西噎死 ... 等）	不需告知	不需告知
他殺或自殺，或者死在裡面過很久才被發現，有對於室內施行過特殊清掃的情況	必須告知 為期三年	必須告知 無設期限
死在隔壁戶，或者死在公寓大廈中平時不會使用的公設處（包含他殺或自殺）	原則上不需告知，但社會重大案件時必須告知	

上述的情況，像是死在公設處、或者是在家發生意外往生的，這些應該買方或多或少都會想知道，但這些情況卻沒有告知義務。因此買房前，一定要追問房仲，問清楚是否有上述的情況，或自行前往「大島てる」凶宅網查詢。只不過，由於這個網站是讓網民自行上網通報來增加其資料庫的，因此如果凶宅屋主隱藏得很好、不曾上過新聞、沒有人知道，還是很有可能查不到。

4-10

廣告上的規制

～誘餌與誇大的文案，不行喔！

我們台灣不動產的廣告，常常什麼「敦化生活圈五分鐘」，結果可能在木柵。它的五分鐘，是指晚上沒車時，又全部都是綠燈的情況，用飆的才會五分鐘。又或者是建案名取得很聳動，例如什麼「仁愛御苑」之類的，但其實根本不在仁愛路上。但作為廣告行銷，這樣的手法，似乎在台灣已經見怪不怪，而且消費者多半也已經養成了如何辨別是非的能力。

不過像這類的說詞，在日本的不動產業界不會出現。日本對於建案廣告時規則很嚴格。仲介要做廣告，至少會受到1.「宅建業法」、2.「不当景品類及び不当表示防止法」、3.「不動産の表示に関する公正競争規約」等法規來規制。為了就是保護我們這些手無寸鐵的小蝦米。像是上面這些案名，如果在日本，就一定要是離這個設施「直線距離」300公尺以內才可以使用。所以，如果你在東京看到一個建案的名稱，叫做「皇居官邸」，它肯定在皇居附近。

誘餌廣告是大忌

記得我以前在台灣時，網路上看到一個很喜歡的物件，結果打電話給仲介之後，對方說「啊，那個要看，要先付個三千元的看屋費用」、「不好意思，那個物件已經成交了」。接下來就開始推銷你其他的產品，而且還不止一次這樣。讓人不免懷疑，是不是那個「如似夢幻」的物件，根本不曾存在。這樣子的幽靈物件，日本就稱作「誘餌廣告（おとり広告）」。對，就是像是「誘餌」一樣，用來釣你來電的廣告手法。當然，這種行為，在日本的宅建業法，有很嚴格的規範。就連真的只是剛成交，日本的房仲也不能放在網路繼續宣傳。

大小標示不含糊

此外，對於房間大小的標示，也有相當精準的定義。例如你表示「一畳」的大小，大概是多少呢？「畳」，就是塌塌米的意思。每個地區慣用的塌塌米，大小都不一樣，像是關東地區慣用的「江戸間」，大小就是 880mm × 1760mm；關西地區慣用的「京間」，大小則是 955mm × 1910mm；名古屋地區慣用的「中京間」，大小則為 910mm × 1820mm…等等。

因此法令就規定，你標示「一畳」，就得用「1.62 ㎡（約 0.49 坪）」這個數字去換算。之前大家都說二畳等於一坪，現在有了這樣的規定，就很明確知道說，其實二畳根本不到一坪。

日本的廣告不只要求數據精準，連格局的標示都管很嚴：假設你的室內只有六畳的空間，但是格局硬是標示為「LDK（Living Dinning Kitchen）」，想也知道 9.72 ㎡（約 3 坪），怎麼可能做成一房一廳？因此這樣子的情況，在日本不動產業界的廣告，也是禁止的。甚至連房間的採光，如果沒有達到一定的採光標準，即使它再大間，都不能標示為「房間」。因此下次你在格局圖上，若看到一個房間，它標示為「納戶」（儲藏室），而不是「洋室」，就可得知那間房間的採光不合格。

步行時間有規制

距離標示呢？每個人的腳程都不一樣。為了避免房仲硬凹說：「阿我走明明五分鐘就走得到，你自己走路慢啊，所以才八分鐘啊」！因此就規定，若要標示分鐘數，「一分鐘必須等於 80 公尺」。而且不能以地圖上的「直線距離」計算，一定要是實際上，人能夠走的「道路距離」。也就是說，即使車站入口就在你家對街，但如果附近沒有斑馬線可以讓你過馬路，你也不能標「車站一分鐘」！聽說這個基準，是請女性朋友穿上高跟鞋，走路一分鐘所算出來的平均距離。因此對於腳步比較快的男性朋友而言，廣告上標著「車站五分鐘」的案子，實際上可能只要三分鐘就可以走得到。

特定用語有基準

還有，我們台灣的建案，都很喜歡什麼海景第一排、台北第一高樓之類的字眼，但在日本，如果沒有合理的根據，這些字眼是不能使用的。例如表示完全無缺點的：「完全（かんぜん）」「完璧（かんぺき）」等，因為現實生活中，沒有 100 分的物件，所以完美無缺理論上是不可能的，因此這些字眼禁用！此外，用來表示比其他公司還要優良的字眼，如：「日本一（にっぽんいち）」「超（ちょう）」「当社（とうしゃ）だけ」（本公司獨有），基於公正競爭的原則，禁用！還有，「特選（とくせん）」「最高級（さいこうきゅう）」「格安（かくやす）」「完売（かんばい）」，這種讓你覺得很便宜的促銷字眼，除非你能提出具體的證明，不然也禁用。像是「日本第一高樓住宅房」，你就一定得要提出是第一高樓的證據，方可使用。

此外，「新築（しんちく）」（新成屋）這個字眼，也只能用於完工後未滿一年的房子，如果建商完工後，賣了一年還沒賣完，就算沒人住過，廣告詞上也不能打「新築」，頂多標示「未使用」或「未入居」。

除了廣告有嚴格規定以外，業法也規定仲介業務人員，不可以在客戶會感到被打擾的時間帶（21:00~08:00）打電話行銷。另外，一旦你明白拒絕對方業務人員，說不買，對方也不能繼續魯你，否則就是違反業法。

五、投資篇

日本置業當房東

05

投資產品百百種，哪種產品會賺？哪種產品必賠？

本篇教導讀者如何從五花八門的投資產品中，挑選出最適合自己的物件！

5-1

1R 蚊型套房

～操弄投報率，割韭菜的好工具！

台灣人瘋狂買日本房，除了富裕階層購買數千萬、甚至是上億日圓的房產外，也有為數不少的小資族搶買日本的小套房。對比台灣動輒數百、甚至上千萬台幣的小套房，日本的小套房，有些只要五、六百萬日圓，東京精華區的可能只要個 1,000 初頭萬日圓即可入手，可說是門檻相當低。

我們在本書的「1-1　各種房產」當中也稍微提過，投資型的小套房又分為 10 ㎡～ 18 ㎡（約 3 ～ 5 坪）左右的「1R 蚊型套房」以及 20 ㎡～ 30 ㎡（約 6 ～ 9 坪）左右的「1K 出租套房」兩種。這兩種的格局也分別於「2-8　房型設備」當中，說明過差異。本篇，主要講述中古的「1R 蚊型套房」的風險，下一篇再來談論「1K 出租套房」。

對了，順道一提：「1R 蚊型套房」絕大多數都是中古的。因為日本現在許多行政區都制定了相當嚴格的「套房開發規制條例（ワンルームマンション開発規制条例）」，不允許

建設室內面積低於 25 ㎡（約 7.56 坪）的小套房（※ 註：面積下限依行政區而異），因此這也算是另類的絕版房型吧！

「投資這類便宜的小套房，會有什麼風險呢？」

主要還是脫離不了「空屋、高額的管理修繕費用、欠繳房租、室內裝修」... 等。雖然說上述這些風險，其他類型的房屋也會有，但「1R 蚊型套房」有其特殊的地方，就讓我們來一個一個剖析：

空屋風險

這種 1R 蚊型小套房的租客，因為便宜，所以多半是從鄉下來城市打工的年輕人或者大學生、留學生 ... 等。就跟我們台灣的雅房一樣的族群。而日本為三月畢業季、四月展開新生活，因此無論是學生還是上班族，都會在二～三月這段時間搬家租房，這段期間也被稱作是租賃市場的「繁忙期」。

也就是說，如果原本的房客並不是在繁忙期之前搬走，讓下一個房客無縫接軌入住，而是在相對不是新鮮人或學生找房屋的時期搬走，那麼很有可能下一個房客會拖很久以後才會出現。尤其是這一、兩年，因為遇到武漢肺炎疫情大爆發，使得留學生從日本消失，同時，都心較底層的工作職缺也減少許多，這也使從鄉下到都市來打拼的人變少，因此這種物件在武漢肺炎期間，有許多都空了半年、一年還租不掉。

高額管理修繕費風險

我們剛剛說過，這種 1R 蚊型小套房幾乎全是中古屋，很多屋齡甚至都高達 30 年以上。隨著屋齡的增加，修繕管理費用也會隨之遞增。許多這種蚊型小套房的管理費用加上修繕費用，都幾乎快要佔掉房租的 1/5。例如房租 5 萬多日圓的套房，管理修繕費用可能就超過 1 萬日圓的，比比皆是。

甚至更郊區一點的，由於日本的物價跟人事成本就是這樣，因此不會因為它是郊區的物件，管理修繕費用就比都心的便宜。但郊區的物件，租金非常低，有些才 2 萬日圓出頭，但光是管理修繕費就高達 1 萬多日圓，根本就是房租的 1/2 都被管理費以及修繕費用吃掉了。像這樣的情況，只要一年內有兩、三個月的空屋期，那麼這一整年下來所收進來的租金就等於就都賠掉了（因為還得扣掉稅金等）。

欠繳房租風險

醜話先說前頭，我並沒有帶任何歧視的意思，但既然我們要掏錢投資，有些事實就不得不正視。說實話，會來租這種 1R 蚊型小套房的人，多半都是屬於經濟較弱勢的族群。一般來說，租金越低的物件，租客水準越差，積欠房租的可能性就越高。因此比起其他的房型，這種 1R 蚊型小套房遇到房客欠繳租金的機率會比較高一些。

此外，由於租客受到借地借家法的保護，如果租客只是拖欠個兩、三個月的房租，你是趕不走他的。就算他真的欠很久，你要趕他，也得上法院請求強制執行，可說是勞心又勞力。因此出租時，一定要請租客加入「房租保證公司（家賃保証会社）」，多少分散一下風險。

設備老舊風險

這種 1R 蚊型小套房，在東京都心，頂多就五、六萬日圓的租金。扣掉管理修繕費用以及稅金等雜費後，平均每個月進入房東口袋的，可能就四萬日圓左右。而房客退租後，光是換壁紙跟地板等，就可能會耗費掉近 20 萬日圓。如果你的租客只租兩年，就相當於他退租時，你光是重新整理，就有可能會損失半年的房租。雖然說租客也必須負擔部分「原狀回復」的費用，但如果你的壁紙以及地板是因為經年累月折舊（経年劣化）的，那麼租客是不需要負責這筆費用的。

如果冷氣故障、流理臺或者浴室、熱水器等也需要換掉，可能林林總總，60 ～ 70 萬日圓就飛掉了也不一定，一年半的房租就沒了！

說了那麼多缺點，那這種 1R 蚊型小套房就真的一無是處嗎？其實也不見得。有些租客一租就是十年、八年的也很多。如果期間租客很穩定，也沒什麼退租，也沒什麼設備損壞，可能十年左右你買房的成本就回本了也不一定。而且如果你經常來日本遊玩，疫情過後也打算動不動就飛來日本住一下，那麼，房客退租後，自己裝修一下，當作自己的日本宅，我是覺得這也不失為一個好選擇。管理修繕等維持費用不高、大小又等於是商務旅館，何樂而不為呢？

小心賣方玩弄投報率數值，開高價坑殺買方

購買這種 1R 蚊型小套房，最需要注意的，是賣方玩弄投報率數值，開高價坑殺買方。

「玩弄投報率開高價坑殺買方？有那麼容易嗎？」

如果你有仔細閱讀本書的「3-2　投報率」，你就知道有多麼容易了。這裡，就舉一個房價 800 萬日圓的 1R 蚊型套房，如何透過玩弄投報率的數字魔法，搖身一變為 1,370 萬日圓的例子：

1、月租金 6 萬日圓的物件，若以投報率 9% 來回推房價，就是 800 萬日圓。9% 也是這種蚊型小套房常見的投報率。

（6 萬日圓 ×12 個月 ÷ 投報率 9%= 房價 800 萬日圓）

2、屋主先串通房客，跟房客解約，再與房客另外簽一份 8 萬日圓的租約，也就是提高租金。然後再補貼房客 50 萬日圓。又或者這房客根本就是自己人，只是簽假合約。反正依照日本的借地借家法，房客只要一個月前告知，隨時都可以拍拍屁股走人。

3、若以房租 8 萬日圓來算，再把投報率訂為 7%（聽起來還是很誘人），回推房價，就可變身為 1,370 萬日圓。

（8 萬日圓 ×12 個月 ÷ 投報率 7%= 房價 1,370 萬日圓）

４、若以這個價位順利成交的話，屋主就可以多賺 570 萬日圓。這樣，剛剛補貼房客的那 50 萬日圓就根本九牛一毛。等到房子順利過戶之後，房客就可以拍拍屁股走人，解約。不止房東大賺，房客也大賺。但實務上房客多半會裝模作樣一下，多租個幾個月。

你看，只是將投報率從 9% 降到 7%，就可以簡單讓房價從 800 萬變成 1370 萬。那您說，買的人都是笨蛋嗎？是的。當一個市場過熱的時候，就會有許多連投報率都會不算的人衝進市場搶當韭菜被割，尤其是「海外投資客」！

假設你今天不要看我上面的解釋，如果你只有看到一個則不動產廣告，上面寫著：「1,370 萬，年租金 96 萬，投報率 7%，新宿區」。你會不會考慮購買？你心裡一定想著：「現在日圓兌台幣的匯率才 0.22，那 1,370 萬日圓才台幣 300 萬而已耶」，然後你就買了 ...。

5-2

1K 出租套房

～買來節稅，反而賠更多？

「房子是拿來住的，不是拿來投資的！」

許多希望落實居住正義的朋友，經常將上述的說詞掛在嘴邊。姑且先不論其意見對錯，房屋，它的確同時具備了「投資」與「自住」的兩大特性。其「投資」的特性，除了可賺取穩定的租金以及增值財以外，房地產就有如黃金等貴金屬一般，都俱有儲存價值的功能。因此華人朋友才會認為「有土斯有財」，也對於房地產投資感到如此大的魅力。

雖說房子亦有「自住」的功能，但日本有一種產品，整棟大樓蓋出來的目的，就是拿來「投資」的，鮮少有人會買這種產品自住。對，就是「整棟都是出租小套房的大樓」（上一篇介紹的「1R蚊型套房」及本篇介紹的「1K出租套房」）。而這樣的產品，就表示它未來的命運，就只有投資客會買，幾乎沒有自住客會接手。

各位讀者朋友，如果有在關注日本的「1K 出租套房」，應該就會發現其「全新」時的售價會高出「中古」物件很多。換句話說，就是「1K 出租套房」跌價的速度很快。

為什麼會這樣呢？這其中的貓膩就在於「流通」、「稅制」以及「貸款」這三點。

1K 全新小套房，什麼人在賣？什麼人在買？

我們曾經於「2-3　主要建商」當中提及日本的 Major 7，七大建商。這些建商所興建的房屋，主要是家庭房，也就是兩、三房以上的自住型產品。有別於這些興建自住型產品的建商，日本有些建商是專門營建「1K 小套房」的。他們所興建的產品，多半一整棟裡面都是這種 1K 小套房、參雜著少數幾戶較小型的 1LDK 或者 2LDK，俗稱「都會小宅（Compact Mansion）」的房型。

這些建商銷售房屋的模式，不同於一般家庭房那樣上網打打廣告，等著自住客上門來賞屋，而是採取「業務人員行銷」的模式，辦很多場房屋投資說明會，吸引高薪階級來投資購屋。先不管他們業務人員的手段以及內部獎金抽成的方式如何，由於這種產品本來就不屬於「自住型」，而是屬於

「投資型」，因此使用這樣的手段來銷售，也實屬合理。（這就是上述的「流通」）

而由於日本並不像台灣這樣全民瘋炒房，因此這樣子的投資房，如果沒有業務人員積極攬客，將很難銷售出去。業務人員要讓客戶成交，就得給出一套說辭，來說服客戶購買。日本高薪人士的所得稅以及住民稅很重，應該大家都知道。而日本的稅制，就是「投資房的折舊，可以扣抵所得稅」。這點，就讓銷售「1K 小套房」的業務人員抓到了一個利基點。是的，就是利用「新成屋」的高折舊率，來讓購買全新 1K 小套房的人士可以進行節稅，透過房屋的折舊，讓自己的所得產生帳面上的虧損，因而省下大筆的所得稅。（這就是上述的「稅制」）

這裡，建商要讓你買下的房屋，屬於「投資型」商品，而不是「自住型」商品。自住型的商品由於有實際的需求，因此購屋者會較主動、較積極地去想辦法買下來。但由於投資型的商品屬於非必需品，要讓客戶為此買單，就是要讓他「很容易就可以得手」。

就像 iPhone 那樣，一隻很貴的手機，如果要你一次掏出台幣五萬，你可能會下不了手，但如果讓你無息分期 24

期～ 36 期，每個月只須付出 1 ～ 2,000 塊，你就會毫不猶豫地買下。投資型的 1K 套房亦是如此，建商會找好配合的銀行，讓他的客戶「全額貸」，投資者僅需掏出 10 萬塊日圓的初期雜費就可以輕鬆買下一間 3,000 多萬日圓的房屋。再加上新屋剛落成時，租金總是特別好，因此房租扣掉貸款之後，多半都還有幾千塊日圓的「正」現金流，因此看起來這個投資特別輕鬆、容易。業務人員最常講的話術就是：「只需花個十萬日圓，每個月還可以收個幾千塊，然後過了 20 年，房貸還清後，你就可以爽當包租公了」。（這就是上述的「貸款」）

新屋當然好租

全新 1K 小套房，每個月還可以收租 13 萬日圓，扣掉房貸後還有幾千塊的結餘，剛剛開始投資這種 1K 小套房的人，總覺得自己是世界上最聰明的人。但是他截然不知，房子會這麼好租，是因為它是「全新」的。等到這個租客搬走後，下一個房客不見得還可以收到這麼高的房租。而我們在之前「3-1　現金流」的章節裡也曾經說過，只要你的租金變低，現金流很有可能會因此變成負的。到時，如果「不幸」又遇到升息，或者又遇到武漢肺炎，空屋空個一年半載，那你最好祈禱你每個月可以掏出個十幾萬日圓來繳房貸。

承接你房屋的人無法享有三大特典

或許有些人認為，反正房貸是繳給自己，負的就負的，每個月拿個十幾萬日圓來貼又怎樣？老子我就收入高，況且還清後早晚變我的純資產，再不行，賣掉不就得了！

但你要知道，當你想要賣掉這間 1K 小套房時，它已經是中古屋了，而且你是以個人的方式銷售，你並沒有強大的營銷團隊，你只能請一般房仲幫你掛在店頭網站上銷售。就像我講的，這種物件平時沒有人會主動來買，一定要有強大的營銷團隊幫你推，所以你可能會一直賣不掉，或者必須要降價很多才賣得掉。有團隊銷售，跟個人拿到仲介店銷售，去化速度與價位截然不同，這也是為什麼中古 1K 套房會便宜這麼多的原因之一。

再者，你只是個散戶投資客而已，並沒有銀行會與你配合，讓想要接手你房子的人可以只用 10 萬日圓就輕鬆購入。況且，中古屋可用於節稅上的攤提折舊也所剩不多了。換句話說，就是你缺少了「流通」、「稅制」以及「貸款」這三把箭。而這三把箭，正是當初讓你買進的絕對條件。這樣，你還期望你的 1K 套房能夠輕鬆脫手嗎？

不過換個角度想，如果上述的風險你都不怕，你也有足夠的資金可以應付突發的危機，也不打算賣，打算一直等到繳清房貸後，榨乾這間房屋的所有剩餘價值，一直收租。那麼，「只拿出 10 萬日圓，就能拿別人的錢來累積自己的資產」，也是一個蠻不錯的選擇！

5-3

公寓大廈投資

～賺房租？不，這個用來賺價差！

上面兩篇講述關於兩種投資型的套房產品「1R 蚊型套房」與「1K 出租套房」，都各有其特有的風險以及優缺點。那麼，不要買投資型的產品，直接買自住型的公寓大廈，例如：低層華廈、一般華廈、電梯大樓或塔式住宅，然後再拿來出租可以嗎？

自住型的房屋拿來出租

當然可以啊！這樣的形式，在日本就稱作是「分譲賃貸」。「分譲」，指的就是區分所有權式的，只販賣整棟大樓之中的其中一間的意思。我們本書 1-1 當中所提過的公寓大廈型產品，就是屬於「分譲マンション（分售大樓）」。因此「分譲賃貸」指的就是「屋主買了這樣的分售大樓後，再拿出來出租」之意。雖然我們台灣投資房地產，大多是這種形式，但在日本，不太有人會這樣做。原因就在於這些產品的「價位」以及「投報率」都剛好處在一個很尷尬的區間。

例如，「1R 蚊型套房」與「1K 出租套房」可能只需要 1,000 萬～ 3,000 萬日圓就可入手，但自住型的分售公寓大廈，少則 5,000 萬日圓起跳，好一點的地段、貴一點的產品，甚至高達 1 ～ 2 億日圓。而且自住型的產品，基本上投報率都會比投資型的產品還要低。因此如果目的是投資的話，大部分的日本投資者會考慮到資金運用的效率，也就是從投報率的觀點去思考，不會特意去買這樣的產品來收租。

假設一名投資者，他的投資預算有到 5,000 萬～ 6,000 萬日圓之多，那他可能會優先考慮購買「一棟木造公寓」，至於預算上億的投資者，則是會考慮「一棟 RC 商用大樓」，因為這兩種產品的投報率都比「分售公寓大廈」高很多。因此這種「自住型」的產品，若有被拿出來出租的情形，大多數的情況都是屋主剛好想要換屋搬家，但他又不想賣房子（或者不缺錢）。

大建商跟你搶租客

此外，有許多大建商自己都會興建高檔的電梯大樓或者頂級住宅，整棟專門拿出來出租給高收入階層或外商主管等，保留整棟完整的產權、只租不賣。例如森集團的「森 Living」、住友不動產的「La Tour」、三井的「Park

Axis」、東急不動產的「Comforia」... 等，這些物件就很有可能是你的競爭對手。

不過由於我們一般消費者所購買的分售公寓大廈，因為是賣給自住客的，所以往往當時建商給的設備以及耐熱、隔音的等級就比較高，而上述那些大建商自己蓋來出租的高級出租房，因為目的是出租賺錢，所以它們那些房屋的等級或設備，有些會略遜一籌，這也算是我們這些「分讓賃貸」房東的優勢（不過說穿了，這些優勢就是我們花錢買來的 ...）。

賺差價最快

雖然說自住型的公寓大廈產品，出租時的投報率比較差，但這類的產品，在房價上漲的期間，是最容易賺到增值財的。因為這種自住型的產品有別於小套房，會有自住買盤這種剛性需求來購買，因此即便價位漲上去，賣貴一些，只要買方看了喜歡，就很容易高價賣掉。

而且自住客往往不太會去思考投報率的問題（甚至有些首購族根本不知道什麼是投報率）。他們買房的目的，就是純粹買來自己住爽的，因此即便價位較高、出租時的投報率低，他們也不太會在乎。

但投資這種自住房，想要賺到價差，就一定要空屋賣。帶租約的房子由於無法自己居住，因此就像「3-10　套利交易」當中講的，會賣很久，而且價位普遍不會太好。

我有一個朋友，2013 年時，用 7,000 萬日圓買進新宿區的某塔式住宅。他跟家人常常跑來長住，兩年內玩遍日本各地景點。2015 年，膩了，就把房子出租出去，月租金 28 萬日圓左右。以他購買的價位來算，投報率才 4.8%，的確不太好，但他當初跟租客簽署的是兩年的「定期租借合約」（※註：參考「4-3　借地借家法」）。2017 年，租約到期，他把房子收回來稍作整理，以空屋的狀態出售。由於當時房價已經漲了一波，因此他也很順利地以 9,000 萬日圓賣掉了。或許，這種「自用兼投資」的模式，會是這種分售公寓大廈最好的操作模式也不一定！

小心被逼著還清房貸

但這邊要提醒各位讀者一點的是，若是在日本工作，而你買房時，是向日本的銀行以「自住用」貸款的便宜房貸利率買來的，那你這房子就僅能自用。這是因為「以出租為目的」的貸款，在日本是屬於「事業用」的貸款，利率會高出許多。因此如果你被銀行發現你利用「自住用」的優惠房貸買房，但實際上卻拿來出租賺房租，則會被視為違約。銀行有可能會跟你解約，並叫你一次將房貸餘額全部清償。還不出來？你就等著被法拍喔！

但如果你真的是不得已，因為種種因素無法居住，或者遇到了什麼非得出租不可的情況，請一定要事先與你的銀行商量，請他們協助你將房貸轉換為事業用的貸款。

5-4

商辦與店面

～好貨難尋外，還有稅制上的陷阱

「店鋪（店面）」與「事務所（商辦／辦公室）」，在日本統稱為「事業用物件」。台灣人特別喜歡購買這一類的事業用物件，尤其是店面。不過就如本書在「1-1　各種房產」當中提到的，單獨分售的一樓店面非常稀少，絕大多數都是「需要買下一整棟樓，然後一樓作為對外營業的店鋪」這種形態的。而且日本所謂的「店鋪」，跟我們台灣「店面」的感覺不太一樣。我們台灣提到的店面都是一樓臨馬路的「路面店鋪」，但日本，像是餐館、酒吧、卡拉OK、房仲業、診所、安親班、才藝教室、健身房、美甲美妝 ... 等，這些業種都不見得會在一樓的「路面店鋪」，很多都是位於大樓的二樓以上的其中一間。

至於事務所（商辦），也大多是「必須購買一整棟，然後這一整棟的房東，再分租給各公司行號」這樣的形式。雖說事務所也有像公寓大廈型的那種「區分所有」式的分售物件，可以單獨買一層或只買一間，但比起一般住宅房，區分所有事務所的物件還是非常少，流通量也低。許多台灣的公司想要來日本開設分公司、或者年輕朋友想要來日本創業，就想説乾脆直接購買這樣的區分所有辦公室供自己公司使用，但都苦尋無果，到最後也只能用租的。因此想要買到合適的區分所有事務所，其實並不容易。

雜居大樓

有些區分所有事務所的大樓，雖然裡面可以做事務所，但它同時也混雜著住家，有些則是還有可以對外營業的商家。舉例來說，同一層樓，301 號室可能是鈴木先生的住家、302 號室則是田中行政書士的辦公室、303 號室則是在做美容美甲的，304 號室則是印度人開的咖哩餐廳 ... 等。這些龍蛇雜處的大樓，就稱作是「雜居大樓（雜居ビル）」。

由於這些區分所有型的事業用物件，它的性質就跟住家公寓大廈一樣，產權是各個獨立分開的，因此這種大樓也會有管委會，也有管理規約，因此有些大樓會規定不能做某些業種，例如按摩店或者情色行業。而有些大樓則是規定「只能」做某種行業。我還看過有一個大樓，規定只能做「稅理士（會計師）事務所」的。因此購買這樣大樓之前，一定要先確認好管理規約，才不會買來之後，出租不成，自己要開業就還得先去考個會計師證照！

事業用物件的優缺點

這些事業用物件的優點，就是投報率很高。不同於居住型的物件，由於事業用的物件，就是要做生意的，因此租客對於租金的容忍度，等同於他事業的賺錢程度。

居住用物件，因為只是拿來住的而已，而且多數的租客並不是非住在這裡不可，因此居住用物件的房租會有一個行情的天花板在那裡，很難跨過。但事業用物件就不同了。有時候你的物件就是地點好，或者你的物件剛好就是對於這租客的行業來說，在那裡會很方便（例如附近是法務局，就可以租給行政書士；附近是稅務署，就可以租給稅理士之類的），因此這種事業用物件，有時候其不可取代性會比較高一點，也就是比較有機會高價出租。

尤其是當經濟情勢較好的時候，大家爭先恐後創業，搶租辦公室或者店面時，有時候租金提高個 10% 甚至 20% 都不成問題。但相對地，這就代表時機不好時，有可能你的辦公室或者是店面就會空在那裡很久。像是這一次的武漢肺炎疫情，就讓許多原本商業發達的商店街，店面一下就空出了

七、八間。而長達兩、三年的疫情干擾，緊急事態反覆發佈，也讓想要新創業的人，抓不出確切的入場時間點。太早進去，怕疫情拖太久，一直繳房租但沒有客人撐不過去，太晚進去，又怕店面被搶租一空，輪不到自己，因此可以說事業用的物件，「好」與「壞」很極端。

保證金多，修繕成本低

事業用物件還有一點特別之處，就是「保證金」可以收得特別高。一般來說，我們租房需要給房東一到兩個月的「敷金（押金）」，外加一個月的「禮金」。但事業用物件，「保證金」則是可以收到半年、甚至一年之多。除了高額的保證金以外，有些搶手的物件，甚至還可以收到一筆相當於禮金，不需要還給房客的「權利金」。因此出租事業用物件時，房東手上會有一筆大額的閒置資金。厲害的人，會拿去轉投資賺更多錢，保守的人，也可以先拿去還貸款，省下利息錢。

此外，我們之前也在「5-1　1R 蚊型套房」當中提過，「居住用物件」，房客退租之後，如果房間的設備是因為「經年累月而折舊（経年劣化）」的，則房東必須要花大錢重新整修。但是「事業用物件」多以「沒有裝潢的空屋（スケルトン）」屋況下，直接出租給租客的。裡面要怎麼裝潢，租客再自己去弄。退租時，租客也必須將裝潢拆乾淨還屋，因此，事業用物件的房東不會有設備老化必須更換，或者要重新裝潢的花費問題，精算下來有時候省很大。

屋齡影響小

居住用的物件，屋齡很重要。太舊的房屋人家不想租，而且設備與室內修繕等，錢花起來也是很可觀。因此投資居住用的物件，多半要思考到「出口策略」，買之前先想好何時出場？賣給誰？（※ 註：參考「2-10　賣屋要點」）

但如果是事業用的物件，只要地點好、只要租客生意做得起來，其實屋齡的新舊比較沒有太大的影響。因為租的人只是要在那裡做生意而已，並不是要住。對租客而言，只要賺得到錢就好，並不會太在乎物件本身的耐震基準是新耐震還是舊耐震，因此如果你購買的事業用物件能夠長久持續穩定收租，其實也可以長期持有，當作傳家之寶，不需賣出。

但「事業用物件」在稅制上有三點必須要特別留意，就是「消費稅」、「源泉徵收（預扣所得稅）」、以及「適格請求書制度」的問題。

消費稅

日本的消費稅目前為 10%，原則上，你出租物件屬於商業行為，因此也必須課消費稅。只不過在日本的稅制上，對於「居住用物件」，有給予免徵消費稅的優惠，因此，你在日本買房，出租給別人當「住家」使用，並不會產生消費稅的問題。但如果你的房屋為「事業用物件」，那很明顯，這就是商業行為，因此需要繳交房租的 10% 作為消費稅。

但消費稅的徵收是有特例的。如果你的事業規模不大，年營業額在 1,000 萬日圓以下的話，則可免徵消費稅。如果你的年營業額超過了 1,000 萬日圓，那你會在「兩年後」變成「消費稅課稅業者」。兩年後，你的房租就必須要繳交 10% 的消費稅了，即便兩年後你的房租又掉回到了未滿 1,000 萬日圓的水準，一樣需要繳納消費稅（但超過 1,000 萬的那一年不需要繳納）。

源泉徵收

另一個稅制上的問題，就是「源泉徵收（預扣所得稅）」。如果你不是日本的居住者（你在日本沒有合法簽證），那麼日本的稅務機關要向你課稅會比較困難，因此日本的稅制有規定，「非居住者」在日本境內的所得都必須先「源泉徵收（預扣所得稅）」。源泉徵收的義務者是房客，也就是說，你的房客必須在支付給你房租之前，先行預扣房租的 20.42%，作為源泉徵收所得稅，代你繳稅，然後才可以把剩餘的 79.58% 的房租匯給你。

簡單來說，就是你房租若為一個月 10 萬日圓，那麼你每個月都只能拿到 78,580 日圓，剩下的 20,420 日圓，房客要先幫你拿去繳稅。等到隔年報稅季時，你再自己（或聘請稅理士）幫你做報表，去稅務署申請退稅。當然，能退下多少錢，要看你的總所得。請稅理士幫你報稅，也需要一筆數萬～數十萬日圓的花費，費時費心又費錢。而且有些租客，一聽到每個月還要幫你源泉徵收、預扣所得稅去繳稅，他覺得麻煩，就不想租了也不一定 ...。

而這源泉徵收也一樣有特例。如果租客不是要做事業的，而是租來自己「居住用」的，就不需要幫外國房東先行預扣所得繳交源泉徵收。因此台灣人買一般的「居住用物件」來出租，只要租客的目的是「自己或者親人居住用」而非租來做生意的，那就不會遇到源泉徵收的問題。但「事業用物件」很明顯，租客一定是租來做事業的，物件租給公司行號當作辦公室或者店面，就一定會遇到源泉徵收的問題。

適格請求書制度

事業用的物件，除了上述消費稅以及源泉徵收的問題以外，還會受到即將上路的「適格請求書制度（Invoice 制度）」影響。自 2023 年 10 月 1 日起，你的店面或者是商辦的租客，如果他們公司在報稅時，想要扣抵租金的消費稅部分，就必須要請你（房東）發行「適格請求書」。而這個「適格請求書」可不是人人都可以隨便發行，是需要向稅務署做登錄申請的。

如果你本身並不是「消費稅課稅業者」（年營業額沒有超過 1,000 萬日圓），就算想登錄也沒辦法。這代表著說，你將無法發行「適格請求書」給你的租客。換句話說，就是你的租客在租金消費稅的部分就無法做控除，對於租客而言，等於是稅金的負擔增加了。若租客覺得不划算，搞不好就不想向你租了，或逼你降租金也不一定。因為無法發行「適格請求書」是你（房東）的問題，不是他（租客）的問題！

如果你真的很想發行「適格請求書」，即使你不是課稅業者，其實你也可以「自願」向稅務署說「我願意變成消費稅課稅業者」。不過，這就代表著你收進來的每筆租金，都要上繳 10% 的消費稅給國家，因為商辦與店面就是屬於消費稅課稅物件。也就是不管怎麼做，你不是在消費稅那邊虧錢，就是只好自行吸收租客負擔的消費稅部分，降租金給他。

因此對於外國人而言，買「事業用物件」是否划算，算盤可得打得精了！

5-5

一棟木造公寓

～底層租客、下流老人與孤獨死

我們曾經在「5-3　公寓大廈投資」當中提及，若一名投資者投資預算高達 5,000 萬～ 6,000 萬日圓，那他可能會優先考慮購買「一棟木造公寓」，而不是選擇公寓大廈的家庭型產品，原因就在於投報率比較高。

如果向日本人提到不動產投資，大部分的人腦袋會浮現的，大概就是買一棟這種「一棟木造公寓」，然後當包租公吧。這種一棟木造公寓，日文叫做「アパート（Apartment）」，除了木造以外，現代也蠻多使用輕量鋼骨結構的物件。而這些物件，大多是兩層樓，較小型的約 4 ～ 6 戶、規模稍大的 8 ～ 12 戶、更大一點的甚至也有數十戶規模的。

一般而言，一棟木造公寓比起下一篇要講的一棟 RC 大樓要便宜許多，少則四、五千萬日圓，多則至一、兩億日圓不等。也因為進入的門檻不高，因此上班族只要存了一些錢後，就可以透過銀行融資的方式，來實現自己當包租公的夢想。第一間經營穩定後，就買第二間，就這樣一步步擴大自己的資產。

關於規模

「那買一棟木造公寓時，要買規模多大的物件呢？」

這當然是看你個人的財務能力以及風險承受能力。但若你是向銀行借錢，融資進行購買的，那房屋本身的收租能力（包含空屋數戶）也會是銀行評估融資是否核准的重要關鍵。因此賣方要出售時，多半會想盡辦法先將租客塞滿，讓物件本身的經營效率看起來非常好。同理，你要出售時，也必須要留意這點，盡量讓物件在滿室的狀態之下出售，你下一個接手的人會比較容易借到錢。

如果整棟物件的房間數量過少，那麼就很容易因為一個房客退租，一間空房，就使整個空室率飆高。相反地，如果房間數量較多，即便空個一、兩間房，對整體的影響也比較有限。例如：一棟只有 4 個房間的物件，只要空出一間房，空室率就高達 25%，現金流以及償還房貸就有可能會出問題。但如果你的物件有 12 個房間，那麼即便空出一間，空室率也才 8% 而已，對於你的現金流以及房貸還款部分，衝擊比較沒那麼大。不過，房屋數量越多的物件，理所當然就越貴，因此如何拿捏自己可以承受的投資規模，也是一門重要的學問。

5 棟 10 室基準

你對於自己的投資，未來有怎麼樣的願景呢？是「用現金買個四、五間，每個月爽領房租，不用還房貸，提早退休爽當包租公」呢，還是「適度使用槓桿，用別人的錢，來穩定擴大自己名下的資產」呢？無論你的型態是哪一種，都要了解，日本的不動產投資裡，有一個「5 棟 10 室」的基準。

意思就是說，如果你名下擁有超過「五棟建築物」，或者是「總房間超過 10 間房間」的投資物件，就會被認定是「事業規模」。對，是以「一棟透天＝兩房間」的方式來計算。例如：「買了五間獨棟透天出租」、或者「買了一棟木造公寓裡面有 10 間房間」、或者「買了一棟透天＋一棟有 8 個房間的木造公寓」，這些都會被認定為「事業規模」。

被認定為事業規模，好處就是報稅時，可以使用青色申告，有 65 萬日圓的控除額度，並且可以雇用家人當員工，支薪給家人後，再算所得。若產生虧損，也可以併入次年度來做控除。但壞處就是除了「所得稅」以外，還會被課「事業稅」。因此如果你有意將投資的規模逐漸擴大，不妨一開始就可以考慮直接設立法人，使用法人的名義來投資。

租客水準

一般來說，這種一棟木造公寓的房間，租金會比相同大小的公寓大廈型 1R 蚊型套房還要低。而很遺憾的是，大多數的情況下，「租金的高低與住戶水準的高低」成正比。會選擇住在木造公寓的租客，往往都是社會上較底層的人。租給這些人，遇到房客擾鄰、紛爭、髒亂、吵雜、欠租金的機率，就會高出許多。若你沒有委託管理公司，可能光是處理這些雜事你就飽了，工作也不必做了。而管理公司也有好壞之分，各家管理公司的費用也不等，便宜的大約是房租的 3%，貴的可能高達 8%，但受委託的業務範圍也不同。因此在扣掉這筆費用後，究竟這個投資能否順利擠出現金流，還是個問題。

此外，木造公寓的安全措施沒有辦法像公寓大廈型的這麼好，沒有玄關自動上鎖（Auto Lock）的大門，若物件所處的區域治安較差，則容易被跟蹤狂或變態騷擾。因此有許多女性朋友都不喜歡租這種木造公寓。

下流老人與孤獨死

近年來，「下流老人」的問題引起了日本社會很大衝擊。許多日本人工作一輩子，但老了以後沒有收入、存款不足、也沒買房。這些人除了沒有可依靠的小孩外，也沒什麼朋友，導致在社會上的孤立。而這些人因為經濟狀況不好，因此都只能屈身於便宜的木造公寓或便宜的 1R 蚊型套房內。

老了，總是會生病。若又沒有受到妥善的照顧、缺乏人際關係，就很容易死在自己的房間內，甚至過了好幾個月都無人聞問。這種獨居老人「孤獨死」的社會問題日益嚴重，據統計，日本光是一年就高達三萬件孤獨死的案例。

這些租客有些人已經沒有親屬在世，有些是與親屬斷絕了往來，若他們在你的房子內過世，除了要花大筆的金錢請專門的特殊清掃以外，他的後事處理也是個棘手的問題。這也是投資木造公寓時，有可能會面臨到的新型態風險之一。

就因為購買木造公寓，可能會遇到這麼多租客的問題，因此建議買進之前，請賣方提供你「レントロール（Rent

Roll）」，也就是租客履歷，確認現在的出租狀況，免得到時候你不是爽做包租公，而是天天寫存證信函、打電話催繳房租、以及處理租客的身後事 ...。

疫情期間飆高的空屋率

據統計，武漢肺炎疫情爆發前，東京都 23 區每年的單身人口增加數量高達 4 萬人之多，其中不乏是從鄉下來東京工作的新鮮人。而專門供應給單身人口居住的套房型產品（包含木造公寓、1R 蚊型套房、1K 出租套房），每年約會釋出 4.2 萬戶（包含新建、租客退租）。也就是說，供給與需求之間達到了微妙平衡的狀態。

然而，疫情爆發後，由於政府的救市政策，導致了高薪階層或者富裕階層越來越有錢、低薪階層以及弱勢族群則是越來越難過生活，世界各國幾乎都如此。很不幸的，木造公寓的租客，就剛好是這些較底層的人。而原本木造公寓的出租族群還包含留學生，但也因為鎖國政策，使得這些人也從日本消失。總的來說，疫情期間，東京的單身人口每年就減少了大約 2.5 萬人。

由於疫情改變了生活型態、工作方式以及工作類型，有些工作或許會就此永遠消失，因此這些租屋需求在疫情過後是否會回復？消失掉的工作機會是否能夠有新的業種替代？遠離都心的打工仔是否還會回來？這恐怕也是投資木造公寓不得不思考的問題之一。

這樣的條件，或許可以考慮

最後，給想要購買木造公寓投資的朋友，一個小小的建議。由於這種一整棟的公寓，沒有管委會，因此房屋所有的修繕問題都得靠自己解決。當你收了每月的房租之後，建議一定要預先留下一筆未來的修繕費用，以免房子有問題時沒有資金可以用，導致屋況越來越糟，最後反而房屋租不出去。

計算時，不妨先模擬看看，假設這個物件貸款八成、貸款 30 年，若以年利率 2.5% 計算，收進來的房租部分，若扣除三成作為管理修繕基金，剩下的七成拿來繳房貸後，還可以有三成的現金流（也就是還款 40%，管理、維修、稅金等花費 30%，現金流 30%），那或許這也不失為一個不錯的投資選擇。

5-6

一棟 RC 商用大樓

～好賺，但你買不起！

有別於入門級別的「一棟木造公寓」，這一篇要介紹的「一棟 RC 商用大樓」，價位就貴很多了。這種產品，日文稱之為「ビル（Building）」。

規模大小

根據市場上一般的定義，一整棟的出租商辦，規模大概分為：1. 單層面積約為 20 坪～ 50 坪的小型商辦樓（數億日圓至十幾億日圓）、2. 單層面積約為 50 坪～ 100 坪的中型商辦樓（數十億日圓）、3. 單層面積約為 100 坪～ 200 坪的大型商辦樓、4. 單層面積 200 坪以上的大規模商辦樓。

隨著物件規模越大，可能就需要有「BM（Build Management）公司」、「PM（Property Management）公司」以及「AM（Asset Management）公司」的介入。BM 公司主要負責大樓的設備維護、工程管理、清潔業務、保全業務等。PM 公司則是負責物件招租、租賃簽約、收租、處理租客問題、與租客應對等。AM 公司則是這名投資家的財富管理公司，主要負責資產整體佈局，包含不動產、股票、債券等。

因此這種一棟 RC 商用大樓的物件，對於個人投資者而言，算是門檻很高的產品。投資者本身的資產如果不到一定等級的規模，融資往往不容易下來，因此這種一棟 RC 商用大樓，多為淨資產較高的富裕階層才有辦法進場，作為其家族資產佈局之用。

總價高達 20 ～ 30 億日圓以上的物件，則多是海外的私募基金、財團層級才有力道接手。更高等級的，像是在西新宿或者是大手町看到的那種單層 300 坪以上，且樓高三、五十樓的產品，市值數百億甚至千億日圓以上的，就稱之為「S 級商辦」，這些物件主要是由財團或 REITs（不動產投資信託基金）持有，就不是一般個人等級所能企及的對象了。

巨大商辦完工潮與疫情衝擊所帶來的超高空室率

近幾年，都心內興起了一波單層面積高達 1000 坪以上的超大「造鎮級」商辦建設潮。這些商辦的規模就相當於造鎮，裡面除了有辦公室外，還有住家、旅館以及商場，甚至還有餐廳、郵局、美術館與電影院…等。對，就是像六本木之丘（Roppongi Hills）、東京中城（Tokyo Midtown）、虎之門之丘（Toranomon Hills）那樣規模的商辦，在這幾年都陸續完工。

不過由於遇到了武漢肺炎疫情，許多大企業也開始轉換為「居家辦公」與「線上會議」的工作形式。這些公司認為，今後將不再需要這麼大樓地板面積的辦公室空間，因此也導致了一波商辦解約潮。

疫情，再加上述的巨大商辦完工潮與解約潮，讓樓地板面積一下就供給過剩、需求持續減少。這也使得原本只有約 1.49%（2020 年 2 月）左右的商辦空室率，在短短不到兩年內就飆升到了 6.35%（2021 年 12 月），自然也就拉低了租金。

大型商辦降租，勢必會影響到中、小型商辦的租金。且新完工的商辦，設備較佳，中古商辦在硬體上，有些已經達不到現在行業所需要的要求了。因此有需求的租客會往較新的物件流動。

再者，疫情改變了人們的工作模式，將來這種「一棟 RC 商用大樓」的需求是否會走向衰退，現階段也很難說。可能還是得觀察疫情過後的世界，經濟如何復甦、局勢如何發展。

5-7

一棟 RC 出租住宅

～你是在累積資產？還是在為銀行打工？

上一篇所介紹的「一棟 RC 商用大樓」，主要是做商辦使用的大樓。而這一篇所要講的「一棟 RC 出租住宅」，則是屬於居住型的產品，只不過並不是像「1R 蚊型套房」或像「1K 出租套房」這樣單間房屋購買，而是整棟買下來！

規模大小

當然，這種日文稱之為「一棟マンション（Mansion）」的投資型產品，也有規模之分。有些裡面都是小套房的，也有些是兩、三房家庭房的。與「一棟 RC 商用大樓」一樣，都是屬於門檻較高的投資標的。

「一棟 RC 商用大樓」由於是商業使用，因此多半位於「準住居地域」、「近商地域」或「商業地域」。而「一棟 RC 出租住宅」由於是居住使用，因此即便是建築限制最嚴格的「低層地域」也是可以興建（※：請參考「4-1　都市計畫法」）。

因此「一棟 RC 出租住宅」的規模，小自 2 ～ 3 樓的低層產品，大至 10 幾樓的高樓產品都有，戶數也是 10 幾戶到 4 ～ 50 戶都有。管理的方式與融資的門檻跟上一篇提及的「一棟 RC 商用大樓」差不多，規模較大的都需要有 BM、PM 以及 AM 公司的幫助，這裡就不再贅述。

租客水準

這種「一棟 RC 出租住宅」，每間房價的租金，一般來說會比「一棟木造公寓」還要高。例如「一棟木造公寓」的一間房間，房租可能就只要 4 ～ 5 萬日圓，而「一棟 RC 出租住宅」的一間 1K 的房間，可能就要價 12 ～ 15 萬日圓，價差高達三倍。

若以「租金約為收入的 1/3」這個日本人的租屋準則來計算，前者就是月薪不過 10 來萬日圓的底層工作者，而後者則是薪資 30 ～ 40 萬，累積一定工作經驗與資歷的中間階級。相較起來，入住的客層會衍生的問題就比較少（但這只是一般論，並非絕對）。

務必查清楚下列事項

若投資者有意投資這樣大型產品，除了各種計算外，亦要留意下列事項：

一、確認出租投報率的真偽

許多投資者只注意到物件的投報率高不高，但有時候賣家會為了處理掉自己手上的不良物件，會故意找人來簽高於市場行情價的合約入住，做高投報率的數字。對的，就是「5-1 1R 蚊型套房」當中所介紹的手法，原封不動地搬來用。若你沒有查清楚周遭真實的租賃行情，就很有可能不小心高價買進，被割了韭菜。而且很可能你買下後，租客就立刻搬走，連押金都不要了。就像之前所講的，比起區區十幾萬的押金，從你手上賺到的房價差價更可觀。

二、概算維修費用等隱藏成本

中古大樓買賣，若物件是出租中的狀態，買方並無法進去房屋內細看屋況。有可能租客搬走後，才會發現屋內的設備早已老舊不堪使用、牆壁龜裂、陽台漏水 ... 等。此外，像是電梯或者是停車場等公共設備，若非常老舊，屆時每年的維修成本可能也得花費上百萬、如果需要換新，甚至不下上千萬日圓。而這些隱形成本，正是最容易讓你的投資陷入萬劫不復深淵、隱藏在細節裡的魔鬼。

三、了解法令上的限制以及重建問題

整棟大樓都買下來的最大價值，就在於它有「完整土地」以及建物的產權。但必須留意的是，有些舊大樓並沒有合乎最新的建築基準法以及都市計畫法的要求。很有可能依現行法規它是「再建築不可」（無法重建）物件。亦有可能這塊基地的容積率及建蔽率有所改變，即使打掉重建，也無法蓋出一樣大小的建物。像這樣物件的土地，價值自然會低落不少。購買前一定要請你的業務人員查清楚。

四、精算稅金、利息與管理公司等固定成本

擁有完整土地與一整棟建築物固然美好，但這也代表著固定資產稅會非常高。有些物件表面上看起來租金很高，但實際上可能扣掉給銀行賺的利息錢、繳給政府的稅金、以及給管理公司的管理費用後，實際落入你口袋的現金所剩無幾。這時，與其說是你在投資，倒不如說你在為政府、銀行、管理公司打工。曾經就有一個朋友這麼告訴我，說：從七年前

買了一整棟的物件，雖然每年都有上千萬日圓的租金收入，但扣掉稅金、貸款利息跟一些有的沒的成本後，七年來等於是白忙一場 ...。

5-8

共居住宅

～偶像劇中的幻想與現實之間的落差

自從 2012 年真人實境秀 Terrace House 在日本播出後，就掀起了一股共居住宅，也就是「Share House（多人共住一間屋、各自有房間、有公共客廳與廚房）」的熱潮。住在有如電視劇中美輪美奐的房屋中，與各行各業不同的朋友互動，就成了時下最流行的一種新的租屋生活型態。因此原本著重個人生活隱私的日本年輕人們，也開始漸漸接受此一型態的租屋方式，一方面也是為了省房租。

2020 年，武漢肺炎疫情爆發後，這種與人群居在一個空間內的居住型態，也遭遇了前所未有的打擊。有不少 Share House 裡面都出現了群聚感染、交叉感染的案例。嚴重的，甚至有住戶全數確診的。這也導致了許多原本滿室的人氣物件，幾個月內，住客就走掉一大半。

但疫情一波未平、一波又起，緊急事態發了又停、停了又發，似乎大家也逐漸習以為常了。隨著動盪的疫情，市場汰弱留強，某些做到一定程度差異化的 Share House，也逐漸恢復了人氣。例如著重於「居家辦公」型的物件（架設高速無線網路、電話亭式的個室空間）、或者是「享受郊區生活」型的物件 ... 等。

此外，也有一部分的人選擇 Share House，是因為疫情失業、收入減少，只好選擇住在這種附傢俱、仲介費便宜、又不用花什麼初期費用的地方。也或許因為住在 Share House 的人，多為一、二十歲的年輕小夥子，而他們重症的比例又偏低，所以他們才選擇「與金錢妥協」、「與病毒共存」吧。

這一篇，就讓我們看看投資 Share House，會遇到怎樣的問題。

經營辛苦管理難

台灣有許多人，認為 Share House 高投報，是不錯的投資標的，因而動起了當 Share House 包租公的美夢。例如原本一間租金 15 萬日圓的房子，若把它切成四個房間，一間租五萬日圓，房租立刻升級到 20 萬日圓。不過這樣的行為，有點類似我們台灣房東將老舊公寓自己做隔間小套房再出租的行為，當然，這是違反建築基準法的。如果你是按照合法的方式做隔間，不會有什麼問題。不過實際現實中，像是電視劇中那種美輪美奐的房子，終究只存在於電視上。有啦，現在有專門的不動產公司，將一整棟大樓都改建成類似宿舍的 Share House，每間房間都美輪美奐，也有舒服的交誼廳跟公共空間。不過這種動輒數十億的玩法，實在也不是我們一般個人投資者能夠玩得起的東西。

而且其實 Share House 在實務上，要如何管理以及如何篩選優良的住客，是很重要的一門學問。如果稍有閃失，很容易造成居住者之間互相不合、公共區域雜亂不堪、導致生活品質低落。若惡性循環、劣幣驅逐良幣，最後好的租客不住了，留下來的盡是一些問題租客，這可就讓你吃不完兜著走。

因此我認為 Share House 的高投報，其實是建立在辛苦經營管理之上的。所以嚴格說來，Share House 並不是「投資（坐享被動收入）」，而是「經營（辛苦管理）」。當然，若你自己沒能力管理，也可以另外委託管理公司。行情大概是每個月房租的 15% ～ 30% 左右的管理費（依照業務內容而定）。至於划不划算，就看你怎麼想了。

龍蛇雜處？

我有個朋友，看上了這樣的物件。它位於新宿歌舞伎町內一棟雜居大樓裡的其中一層，裡面隔成五間房間出租。投報率換算起來，將近有 15% 之高。哇～！現在東京哪裡找得到這種立處精華區，又高投報的產品啊！他愛得要死，一直叫我協助他出價，不過到最後被我勸退了。因為這樣的物件，裡面會發生的事情絕對超乎你的想像：吸毒、竊盜、天天開雜交趴 ... 等。當然，這些情節並不是我憑空想像，而是日本媒體有報導出來的真實案件。

下面三個故事，為記者揭發的實際案件。在這些 Share House 裡，究竟發生了怎樣驚世駭俗的事情呢？就讓我們繼續看下去：

第一個故事：髒亂

第一個案件，為住在練馬區月租 18,000 日圓 Share House 的 28 歲男性。雖然這棟 Share House 規定，所有的租客必須要輪流打掃浴室廁所，但是租客道德淪喪、沒人掃，導致廁所浴室髒亂不堪，甚至有人直接在浴室裡面尿尿，使得浴室裡面有小便痕以及發霉。整棟房子裡面還飄著異臭。

雖然有管理員，不過管理員也是一星期才來一次，並且只是在門口放放衛生紙等補充用品而已。此外，還有沒水準的住戶，直接將整卷衛生紙全部佔為己有，拿去自己的房間用，搞到上廁所都沒有衛生紙可用。加上雜亂噁心，所以受訪者每次要上廁所，都只能跑去附近的便利商店（日本的便利商店，大部分有設置廁所）。這位 28 歲的租客，曾經試圖想要跟其他的住戶溝通，但是每個人看起來都凶神惡煞的。他也曾想過，乾脆就自己掃一掃好了，不過越想心裡越不平衡，都是其他人弄亂的，他為什麼要清呢？就這樣惡性循環，永無止盡 ...。

第二個故事：竊盜

第二個案件，為住在大阪市內月租 15,000 日圓 Share House 的 27 歲男性。他遇到的情況也頗誇張。就是自己的電腦被其他室友盜用，被登入網路銀行盜領了 20 萬日圓。其他的室友則是 DVD 或遊戲軟體等被偷走，搞到最後，室友們之間生活諜對諜。到最後還是他們裝設監視器，才抓出這個害群之馬。

第三個故事：雜交

第三個案件頗為誇張。這是住在東新宿月租 38,000 日圓的女性。東新宿，想也知道都住怎樣的人。因為這裡就是靠近歌舞伎町一帶，因此入住的不是酒店小姐就是外國人，也有少數是外國留學生。這名女性有天早上在房間，聽到外面有女性的怪聲，一走出房間，才發現她的女性室友正在走廊跟三名陌生男子大玩 4P，廁所中散亂著保險套跟嘔吐物。真的不知道這裡到底是 Share House 還是 Sex House。

問題層出不窮

像是這類的 Share House，由於入住的份子複雜，又有許多是經濟上較弱勢、水準較差的族群，因此糾紛不斷。而且 Share House 便宜的隔間，也因為隔音不良，更容易導致住戶之間的心結與對立。此外，外國人多的 Share Hose 也會因為各國的文化差異導致許多紛爭。報導中就指出，有個韓國人吃泡菜，被德國人罵臭，結果兩個人一言不合就大打出手。

看來不管你是留學生，想要來日本住 Share House，還是投資客，想要來投資日本的 Share House，都要特別留意這些問題。當然，如果你住在日本，也有辦法經營 Share House，這也何嘗不是一門好事業。但也別忘記了，2018 年曾經爆發了「2-4　管理公司」所提到的「馬車公司」事件，況且現在市面上 Share House 的供給量從 10 幾年前的 1000 棟，暴增到了 2021 年的 5057 棟。將來是否會有供給過多的問題，這也是投資時必須留意的課題。

5-9

民泊

～散戶搶賺觀光財的三種方式

疫情前，訪日觀光客與日俱增，2011 年時也才 621 萬人左右，但到了 2019 年時，則是成長到了歷史最高點 3188 萬人大關。人數暴漲超過五倍，現有的旅館飯店當然供不應求，也因此，那一段期間興起了一股投資民泊的風潮。只不過好景不常，武漢肺炎疫情爆發後，幾乎整死了所有做民泊的業者。

隨著世界各國與病毒共存、旅遊禁令逐步解封，有許多投資者又開始動起了想要來日本從事民泊的生意的念頭。這篇就來看看，如果想要在日本投資民泊，有哪些相關的法律規範：

住宅宿泊事業法（民泊新法）

日本政府於 2018 年 6 月 15 日實施了「住宅宿泊事業法」（民泊新法），讓非旅館業者的個人，也可以「合法地」將自己的房屋或其中一間房間短期出租給旅客住宿。新法內容大致為：欲經營民泊者，需向都道府縣提出申報（屆出）。但各自治體有權訂定條例限制區內民泊的營業日數、營業期間等。且每個大樓的管委會（管理組合）亦可自行修訂管理規約來禁止大樓的房間作為民泊使用，因此並不是每個地方的每間大樓都可以拿來經營民泊。

雖然看似民泊合法化，但許多住在公寓大廈的居民，無法忍受不特定多數的短租客進出大樓，製造噪音與垃圾，這也讓東京都內絕大多數的區分所有住宅，趕在民泊新法實施前，透過所有權人會議，明文禁止在大樓內的短租行為，違反者甚至可強制驅離。

此外，即便大樓管理規約沒有明文禁止民泊，但根據民泊新法的規定，也只能最多經營 180 日（特區民泊除外）。只能經營半年，這也代表著投資報酬率整整少掉了一半。再加上有可能的空屋期，將公寓大廈裡的房屋拿來經營民泊，已經不再具有任何吸引力，直接正常出租還比較輕鬆。

不過想要經營民泊，其實還有兩招。一個是在國家戰略特區內做，另一個則是找木造透天，並申請成「簡易宿所」。

國家戰略特區中的「特區民泊」

國家戰略特區，指的是安倍政府在 2013 年時為了提升國家的經濟成長所劃定的經濟特區。而所謂的特區民泊，指的就是房屋位於「國家戰略特區」內，且被認定可以經營外國人短租事業（目前東京都僅有大田區）的民泊。有別於民泊新法，特區民泊可以不受到 180 天的營業限制。但房屋必須符合 25 ㎡以上的大小，住宿者停留日數也必須在三日以上，此外，還必須向鄰里住戶詳細說明事業內容，方可經營。雖然特區民泊內的大樓型區分所有住宅，法律上是可以做短租民泊的，但如果管委會明文禁止，那一樣是死路一條。

旅館業的「簡易宿所」

如果你的房子是獨棟透天，沒有管委會，則可以考慮使用「旅館業法」當中的「簡易宿所」來申請。比起民泊新法，簡易宿所可以經營的日數就沒有 180 天的限制，且不像特區民泊這樣停留日數要 3 天以上。但物件有一定的大小限制（33 平米以上、或 3.3 平米乘上住宿人數），並且要有合乎規定的換氣設備與衛浴設備。

由於「簡易宿所」屬於旅館業，因此並不是所有地方的透天厝都可以申請，必須合乎「都市計畫法」當中核准經營旅館的「第一種住居地域」、「第二種住居地域」、「準住居地域」、「近隣商業」、「商業」、「準工業」等地區（※註：參考「4-1　都市計畫法」表格）才可以申請。且在「建築基準法」上，也必須提出「用途變更」的申請。另外，還得符合「消防法」的規定。申請時，必須先去主管機關洽詢，提出申請書、格局圖、配置圖、管線圖…等，申請後主管機關還會來當地檢查設備以及審核，申請程序繁雜且困難。如果你不知道怎麼申請，可能也只能委託相關業者來辦理了。

5-10

中間省略

～賣小套房，屋主小賺業者大賺的故事

奇怪！為什麼明明就是同一間小套房，但我委託仲介售屋，開價 850 萬日圓，賣了半年都賣不掉，但別人卻可以賣到 1,000 萬日圓以上呢？感謝各位讀者購買本書，最後一篇，就讓我來講個故事給大家聽，了解日本的不動產流通市場的真實吧。

故事開始

前一陣子有許多四、五年前投資東京小套房的小資族，開始想要獲利了結售屋。當初，我這間小套房大概買了 600 萬日圓，收租穩定。這段時間，我也常常看 TiN 的網站，關心一下自己的投資。因為 TiN 都說東京房價一直漲，新聞很像也都是這樣報的，因此我就查詢了一下我房屋同地段附近小套房的開價。待售的物件大多開價八、九百萬日圓左右，現在已經完全找不到開價六、七百萬的物件了。也就是說，我現在拿出來賣，開價 850 萬日圓可以說是合情合理，誠意十足的價位。我委託的仲介，人也很好，也很誠實地在幫我賣。他們也確實有在網路上幫我的房屋打廣告。但很奇怪的是，賣了半年，就是賣不掉！

專門買房屋來轉賣的業者

賣了半年多後，心也死了。可能是價位真的開太高了吧！這時，剛好有專門收購小套房來轉售的地產公司來詢問，問說願不願意將房子以 750 萬日圓的價位賣給他們。

詳細瞭解了一下這間公司的經營模式，其實就有點類似中古車銷售一樣。將中古車（中古屋）便宜收購，然後經過重新整修（包裝）後，再銷售給末端消費者。也就是說，如果把房屋賣給他們的話，就必須跟他們簽署「中間省略」的合約，也就是台灣俗稱的「三角簽」。這種合約，就是仲介公司 (B)，把屋主 (A) 的房屋便宜簽下來後，再高價轉售給第三者 (C) 的買賣合約。但過戶登記的時候，並不是做兩次的產權過戶登記 (A) → (B)，然後再 (B) → (C)。而是直接 (A) → (C)，跳過了中間的轉售公司 (B)。因此 (B) 公司就可以不需負擔登錄免許稅（但仍要繳所得稅）。

日本的中間省略，不同於台灣的是：台灣的三角簽，多半都有點是仲介坑殺屋主，然後再高價轉售賣給賣方的詐欺行為，但日本的三角簽（中間省略），買賣的合約上都會註明這個物件將來會登記給第三者。也就是說，賣的人 (A) 知道買的公司 (B) 就是買去轉售的，且最後買的第三者 (C)，也知道自己買來的產品是中間這間公司去批下來的貨。因此無論是 (A) 還是 (C) 都知道這間公司 (B) 就是明著來做：「我們就是便宜買下，高價轉賣的」！

業者買 750 萬，轉賣 1,100 萬？

嗯，很好，很誠實。一個願打，一個願挨。接下來我就追問公司的業務說：「那你們 750 萬買下後打算多少錢轉賣？」。沒想到那業務人員居然也不避諱地說：「大概就賣個 1,000 萬到 1,100 萬吧！」

媽呀！怪了，我辛苦賣了大半年，850 萬賣不掉，現在你們這公司居然耍白痴想要買來賣 1,000 萬？會不會太天真了？算了，反正本來就心已死，打算降價降到 800 萬的。到時候再被殺一下價，大概也是 750 萬左右成交。反正我才買 600 萬，賺了五年的租金，又多賺了 150 萬的價差，算是很成功的投資了。那就賣給他們吧！反正，只要約簽下去了，到時候就算他們賣不掉，三個月的履約期限一到，那間笨公司還是得付清 750 萬給我，然後他們自己吃下這個燙手山芋囉，嘻嘻嘻！於是…就在我充分了解所有的交易流程跟細項後，就把合約給簽下去了。

拿到了頭期款，心裡暗爽！這個物件難收租，又難賣，之前空屋期還有夠長，能夠 750 萬賣掉，實在是我的福氣。那間公司大概是不夠專業，就算他們有辦法賣掉 800 萬，其實也等於是做白工而已。這次他們跟我簽這個合約，可以說是踩到雷了吧！

一個月後，高價賣掉了！

過了一個月，這間不動產公司打電話來了。

「屋主先生，您下個星期有空嗎？我們要跟您清算購屋的款項，準備交屋囉！」

「什麼？你們已經賣掉了啊？」我問。

「是啊，我還特地跑去大阪簽約呢。」

（大驚）！這是什麼道理？為什麼我賣 850 萬，賣了大半年賣不掉，但對方公司一個月就可以把它賣掉，然後買空賣空，直接拿 (C) 付的錢，就可以付清應給我 (A) 的尾款，然後一下子獲利 300 萬？？也太好賺了吧！難道，他們真的比較厲害嗎？

為什麼這間不動產轉賣公司能夠有這樣的獲利？我死纏爛打纏住我的專員，跟他逼問了一下。他說：「這種投資型的產品，在正常的情況下，若只是放到市面上販售，是不會有人要買的，因為小套房的效用低，只有投資的功用」。「以前是因為台灣跟香港的小資族猛搶，需求旺盛，因此合理價位的小套房一下就被搶購一空。而現在呢，買小套房的海外投資客變少了，雖然日圓便宜，但小套房沒有人搶，沒有了那股熱潮，儘管價位合理，但就是不容易賣掉。因為，正常的情況下，日本人是不會自己走進房仲店說要買小套房的」。

銷售，是一種專業

「那…你們怎麼那麼厲害？怎麼賣的呢？你不是說日本人不買嗎？」我問。

「是啊，一般日本人並沒有買小套房投資的需求啊，但我們的工作，就是創造需求。沒有這個需求，就去把它創造出來啊」。

「其實這就跟一般的商品是一樣的邏輯。幾十年前，戰後復興的時候，物資供給不足，但需求旺盛，產品只要生產，就很容易銷售。但現在不一樣了，現在的時代，反而是產能過剩，而需求不足。這樣的情況下，要把自家的產品銷售掉，只能努力做到差異化，或者弄一些行銷小手段。例如買一送一，或第二件打折⋯之類的。讓原本只有買一件需求的人，去買兩件」。

「賣投資型的小套房也一樣，買的人絕對不會有買來自住的需求，因此就需要把它包裝一下，讓他買啊。」

金融情勢造英雄

「怎麼包裝的，能夠教一下嗎？」我又問。

「哈哈，主要還是因為現在日銀的負利率跟量化寬鬆政策，讓現在借錢很容易。像我們這種比較大型的不動產收購公司，因為營業額也高，交易也頻繁，因此就有辦法跟二、三線銀行談，讓我們的客戶只要透過我們買屋，貸款成數可以拉高到 90%，甚至還可以 100% 全額貸。但如果你是一般的消費者自己去仲介店找房，自己再去找銀行談貸款，這種小套房大概都談不到這麼好的條件。也就是說，能不能賣高價，其實就是看是誰賣的囉！」。

「此外，我們公司好幾位業務人員，常常要去外縣市開大型的投資說明會，好好洗腦這些有閒有錢，又想要投資，又比較不了解東京市場的人，不時還要用一些心機跟招數，才可以讓他們買單」。

「雖然說他們買比較貴的價位，但因為透過我們，等於是不用拿出頭期款。只要租金扣掉房貸，現金流可以為正，其實對他們來說，就只是簽個名而已，就可以多出一棟房子收租，其實算是不錯的投資呢！這就是我說的包裝囉。至於以後他們售屋時，會不會賺了租金，賠掉房價？這就不在我們考量的範圍了。而且，房屋本來就會折舊，大部分的日本人都認為，賣房子本來就是會賠錢的啊！」

故事結尾

哎，其實想一想，我只是個小資散戶投資客，能夠遇到好時機，賺到 150 萬日圓的價差跟五年的租金，這個投資已經算是很成功了。從 750 萬日圓到 1050 萬日圓的這段獲利，與其說是房價漲價的資本利得，倒不如說是不動產公司的銷售技巧而來的。這筆錢，我還真沒有本事賺到。想賺到這一段，可能要先開一間房屋買取公司，跟銀行搏感情，打點好關係後，每個月人事成本好幾百萬，場地費用好幾百萬，一個月買進好幾十間，承擔幾十億的債務風險，才有辦法賺到這段的價差了⋯。

祝各位讀者買到心中理想屋、投資順利賺大錢！本書完。

不動產 - 01

日本買房關鍵字

編　　　著　TiN

排版設計　想閱文化有限公司

總　編　輯　陳郁屏

發　行　人　陳郁屏

插　　　圖　想閱文化有限公司

出版發行　想閱文化有限公司

屏東市 900 復興路 1 號 3 樓

電話：(08)732 9090

Email： cravingread@gmail.com

總　經　銷　大和書報圖書股份有限公司

新北市 242 新莊區五工五路 2 號

電話：(02)8990 2588

傳真：(02)2299 7900

初　　　版　2022 年 09 月

定　　　價　480 元

I S B N　978-626-96566-0-8

國家圖書館出版品預行編目 (CIP) 資料

日本買房關鍵字 : 日本宅建士教你赴日置產一定要懂的 50 件事 / TiN 著 . -- 初版 . -- 屏東市 : 想閱文化有限公司 , 2022.09

面；　公分 . -- (不動產 ; 1)

ISBN 978-626-96566-0-8(平裝)

1.CST: 不動產業 2.CST: 投資 3.CST: 日本

554.89　　111014301